ライフデザイン・カウンセリングの入門から実践へ

社会構成主義時代のキャリア・カウンセリング

日本キャリア開発研究センター　監修

水野修次郎／平木典子／小澤康司／国重浩一　編

水野修次郎／平木典子／小澤康司／国重浩一
ケビン・グラービン／浅野衣子／長谷川能扶子　著

JN123726

遠見書房

はじめに

　この本を手に取られた方は，サビカス博士の「ライフデザイン・カウンセリング」に関心を持ち，「ライフデザイン・カウンセリング」を実践しようとする方々と思います。欧米では，21世紀の不確実な社会の到来を見据えて，20世紀末頃からポストモダンの思想，特に社会構成主義を基盤とするキャリア構成理論が提唱され，その知見が積み重ねられてきました。しかし，日本は高度成長期をささえた独自の終身雇用の体制や社会構造が比較的安定してきたことから，キャリア開発支援サービスのニーズが少なく，キャリア開発支援の研究実践において，不確実な社会への備えは遅れているといえます。

　日本キャリア開発研究センターは21世紀の不確実な社会に対応するキャリア開発支援アプローチとして，サビカス博士の『ライフデザイン・カウンセリング・マニュアル』（遠見書房）を水野修次郎博士と共に，サビカス博士からの3つの宿題に解答しながら日本への導入を図ってきました。また，サビカス博士と共に実践研究してこられたケビン・グラービン博士とポール・ハーティング博士を日本に招聘し，ワークショップを開催しました。そして，日本から16名のカウンセラーがCareer Construction Institute（Kent State University；オハイオ州）が主催するCCI（キャリア構成インタビュー）の研修に参加し，CCIの実際を学びました。ライフデザイン・カウンセリングを実践し理解が深まるにつれ，精緻に構成されたライフデザイン・カウンセリングを実践するには，その基盤となっている社会構成主義やナラティヴ・アプローチをきちんと理解することやマニュアルには書かれていない面接でのやりとりの実際などを解説する本が必要であるとの結論に至りました。

　また，日本での実践を考えると，欧米と異なる日本独自の産業構造，文化やディスコースの違いを理解し，第4次産業革命や働き方改革が進行するこれからの社会において，社会構成主義を基盤とするキャリア・カウンセリングの重要性を提起することも必要と考え本書を企画しました。

　本書が，社会で働く人たちをエンパワーメントするための良き指南書として役立つことを願っています。

著者を代表して

2020年3月　　小澤康司

目　　次

ライフデザイン・カウンセリングの入門から実践へ

社会構成主義時代のキャリア・カウンセリング

第1章

現代社会に求められる
キャリア・カウンセリング

小澤康司

▌ 1. はじめに

　わが国でも，第4次産業革命や経済のグローバル化，非正規雇用者の増加，100
歳時代の到来など，不確実な社会が到来する中で，誰もが生き方に迷う時代にな
りました。サビカスのキャリア構成理論である「ライフデザイン・カウンセリン
グ」は，日本においても，人々のライフテーマを明らかにし，人生に何度も訪れ
る転機を乗り越えてゆく有効なアプローチといえます。

　欧米では，21世紀の不確実な社会の到来を見据えて，20世紀末頃からポスト
モダンの思想，特に社会構成主義を基盤とするキャリア構成理論等が提唱され，
その知見が積み重ねられてきました。日本にもこれらの新しい理論が紹介されて
いますが，実際に活用し普及するまでには至っていません。そもそも日本におい
てキャリア・カウンセリングやキャリア教育が普及定着してこなかったのは一体
何故なのかという疑問が生じます。

　米国の雇用状況についての説明（Savickas, 2015）では，「2004年のアメリカ
労働統計局の調査によれば，多くの労働者が，2年さえも継続しない契約の下で
働いている。1980年以降に生まれた人の半数以上が，5カ月以内に最初の就職
先から離れている（Saratoga Institute, 2000）。このことは，新成人だけに当ては
まることではなく，以前は安定していた雇用と家庭を確保していた成人にも当て
はまる。33歳から38歳までの間に新しい就職先についた人の39％が1年以内
に，70％が5年以内に離職している。労働者の4人に1人が，現在の雇用者の下
で働きだしてまだ1年も経っていないのである」と述べられています。

　現在の日本の雇用状況と米国の状況とは異なることがわかります。近い将来，

わが国もこのような雇用状況が訪れる可能性は高いと思われますが，産業構造や働くことへの文化が異なる日本において，「ライフデザイン・カウンセリング」をどのように発展させればよいのかという課題があります。

　サビカスは「キャリア構成のためのライフデザイン・カウンセリング」を「職業ガイダンス」および「キャリア教育」に続く第3のパラダイムとして意味付けています（Savickas, 2011）。アメリカにおいても新たなパラダイムであるサビカスの「キャリア構成理論」は，社会構成主義，ナラティヴ・カウンセリング，ナラティヴ・アイデンティティを基盤として，関係性，内省，意味の創造を重要な要素としています。

　サビカス（Savickas, 2011）は，「20世紀の安定した雇用と堅固な組織は，人生を構築し，未来を計画するためのしっかりした基盤を提供してきました。21世紀の労働は，柔軟な雇用形態と流動的な組織という新たな仕組みに置き換えられ，デジタル革命に伴い長期の仕事が短期のプロジェクトによって置き換えられた。経済のグローバル化によって，『不安定な雇用』が生じ，雇用は，臨時の，常勤ではない，不定期の，契約の，フリーランスの，パートタイムの，不定形な，非常勤の……などと呼ばれるようになった」「しかし，職業ガイダンスによるマッチングやキャリア教育による準備教育だけでは，高度情報化社会の市民が人生を設計する必要性に応えることができない。なぜなら，生涯に渡る安定した仕事はなくなり，個人は自分の人生を設計し，創造的に生きなければならない。人生コースが個別化し，過去のロールモデルが役立たない社会の中で，誰もが自分の人生を創造的に構成することが不可欠になった」と述べています。「ライフデザイン・アプローチ」は，「個人によるライフデザインという計画的視点から，クライエントを著作者としてとらえ，クライエントがキャリアを構成してゆくときのライフテーマについて内省することを支援する」とし，「この内省的な活動は，人生のストーリーを形成し，維持し，改訂することが伴う。このようなナラティヴのプロセスによって，その人の中にアイデンティティ資本が作り出され，自己の人生ストーリーにアイデンティティ資本を結びつけることができる。ある仕事から次の仕事に移るときに，自分そのものではないが自分の成し遂げたことを手放す必要がある。もしすべてを手放すとしたら，その損失は個人を圧倒するものになるであろう。人生ストーリーとしてのセルフを手放さないことによって，一貫性と継続性がもたらされ，人生の統合と活力を維持して自己の目的やデザインを追求することができる（Savickas, 2012）」「アイデンティティの構成や順応性，意思，そして物語ることが職業行動を新しいモデル形成に貢献する。これをキャリア構成理論（Savickas, 2005）という」としています。

　筆者もサビカス理論を理解するために，社会構成主義やナラティヴ・アプローチを一から学びぼうとしましたが，社会構成主義の領域も，ナラティヴ・アプローチの領域にも難解な書籍が沢山ありどれから学べばよいのか迷いました。

　社会構成主義をベースとしたナラティヴ・アプローチやシステムズ・アプローチは，従来のガイダンス理論やカウンセリング理論とパラダイムが異なります。自らが学んで身に着けてきたカウンセリングのディスコースに気づき，ナラティヴの概念によって再構成する必要がありました。

　サビカス（Savickas, 2015）は「カウンセリングについて，言及するときは，『理論』や『モデル』という本質論よりもディスコースという言葉を使いたい…（中略）…カウンセリングがディスコースを生み出すというよりも，学問的な規律あるディスコース（diciplinary discourse）が生じてくる。実践が理論を導くのであって，その逆ではない。職業の社会構造が進展し，キャリアの軌道が変化するにつれ，理論がクライエントのニーズに発言する前に，カウンセラーはクライエントのニーズに応えなくてはいけない。したがって，ライフデザイン・ディスコースは，効果のある新しいキャリア・カウンセリング実践に伴って形成されている。キャリア・カウンセリングそのものは，時間をかけ，無数のディスコースを伴う広範囲な原則に発展し，職業ガイダンス，学問的アドバイス，キャリア教育，職業紹介，キャリア開発，キャリア・コーチング，職業リハビリテーション，キャリア構成およびライフデザイニングを統合した特徴的な他と違った介入およびサービスを構成する」と述べています。

　このサビカスの指摘から示唆されることは，「カウンセリング」をディスコースとして捉える視点です。ディスコースとは，ある時代，ある地域，ある文化に所属する集団によって，共有される考えであったり，物事の価値観であったり，意味づけであったりします。私たちの行動は，広範囲にわたって社会的に存在するさまざまなディスコースの影響を受けています（国重，2013）。

　社会構造やキャリアの軌道が変化し，クライエントのニーズに応える実践の中から，「カウンセリング」や「キャリア・カウンセリング」がディスコースとして発展するなら，これまでの日本の「キャリア開発支援」や「キャリア・カウンセリング」は日本の社会構造やクライエントのニーズに応じて，欧米とは異なるディスコースとして発展してきたと考えられます。

　同様に，日本の学校教育におけるキャリア形成支援も日本の産業社会システムに応じたディスコースとして独自に発展してきたとも言えます。また，日本において人々が抱いているさまざまなディスコースやキャリア開発支援者が抱いているディスコースについても，欧米とは異なることが示唆されます。

　本章では，このような，日本における産業構造の独自の変遷とその社会的ニーズに応じて，発展してきた日本独自のキャリア開発支援の現状について検討をしたいと思います。

▌2．日本における産業構造とキャリア・カウンセリングの変遷

　表1は，日本における産業構造からみた社会システムを「終身雇用型社会」「雇用流動型社会」「変動型社会」の3つにモデル化して，その相違と，求められるキャリア開発支援ニーズ，および学校教育期のキャリア発達支援の変遷を簡潔に整理したものです。現在の日本はこの3つのモデルが複雑に混在しており，私たちは，各自が生きてきた年代や社会システム，企業等のディスコースからの影響を受けていると考えられます。しかし，人生の転機には，各自がこれらのディスコースに気づき，新たなアイデンティティを再構成し，オルタナティヴ・ストーリーを構成することが求められます。

　また，社会の支配的なドミナント・ストーリーから追いやられた人達のアイデンティティの再構成を考えるとき，ナラティヴ・アプローチやサビカスのキャリア構成理論としてのライフデザイン・カウンセリングの必要性が理解されることと思います。

　表1に示した，3つのモデル「終身雇用型社会」「雇用流動型社会」「変動型社会」について，詳しく説明していきます。

　〈終身雇用型社会〉

　戦後，高度成長期と終身雇用型社会による安定した社会構造が継続していました。戦後の日本企業の発展の源泉は，他の国々と異なる日本独自の「日本的経営」にあるとされます。日本的経営の特徴は「終身雇用制（定年までの雇用の保障）」「年功序列（年功賃金，年功昇進制）」「企業別労働組合」「福利厚生施設の充実」であり，特に「終身雇用制」「年功序列」「企業別労働組合」は日本的経営の三種の神器と呼ばれました。

　日本の雇用形態は，企業という「共同体」のメンバーになるという意味で「メンバーシップ型」と呼ばれ，日本以外の国々の雇用形態である「ジョブ型」と区別されています。

　日本以外の国々の「ジョブ型」雇用では，契約により，職務，労働時間，勤務地は原則限定され，フルタイム勤務，無期契約，直接雇用の3条件を満たせば正規労働者となり，当該の職務が消滅すれば雇用契約を解除することができます。

表1　日本における産業構造と求められるキャリア支援ニーズの変遷

	終身雇用型社会	雇用流動型社会	変動型社会
社会システム	社会構造はピラミッド・安定的		不確実性
企業と個人の関係	企業・従業員が相互依存	従業員自立	生存競争・層別化（エリート／パート／ロボット）
	企業が個人の生活に介入	契約による雇用形態	人生コースの個別化
個人が求めるもの	長期雇用の保障	年収・地位・資格	複数のライフステージ／生涯現役
	年功序列・定年退職	Employability	意味・価値の創造
企業のキャリア開発支援	企業内教育	目標管理	キャリア開発プログラム
	配置転換	単一のキャリアゴール	ワークライフ支援サービス
	ゼネラリスト	技能・資格修得支援	オープンな雇用機会
学校教育のキャリア発達支援	学歴社会	キャリア教育の導入	21世紀型モデル教育
	偏差値による進路（進学）指導	資格・ダブルスクール	適応性 Adaptability
	新卒一括採用制度	リカレント教育	生涯学習
求められるキャリア支援ニーズ	職業ガイダンス	離転職支援	ライフデザイン
	会社選択・職場適応	キャリア形成支援	アイデンティティ再構成
	決められた未来	選択する未来	創造する未来

　日本の正社員制度は，職務も労働時間も勤務地も契約で限定されておらず，原則無限定といえます。つまり，日本の正社員制度は，企業という「共同体」のメンバーシップの成員（原則職務，労働時間，勤務地が無限定）として雇用され，その仕事がなくなったときでも配転によって同じ企業内の別の仕事に従事し，定年まで雇用関係を維持できる「長期雇用制度（終身雇用制度）」として，法的に整備され，現在に至っています。

　また，日本型雇用慣行では，落ち度のない従業員を経営上の理由で整理解雇することは，労働者の生活や将来設計に大きな影響をもたらすため，①人員整理の必要性，②解雇回避努力義務の履行，③被解雇者選定の理由，④手続きの妥当性の4要件を満たすことが法的に定められています。したがって，整理解雇はこの4要件にすべて適合しないと無効（不当解雇）と判断されますが，終身雇用・年功序列が崩れつつある現状では，4条件を総合的に判断した結果，相当であると

認められれば解雇を有効とするように解釈が次第に変化してきています。

社員の採用プロセスも，特定の職務についての技能を有する者を必要の都度，募集・採用するという欧米の国々の「ジョブ型」雇用のあり方とは異なります。

日本で現在も行われている「新卒一括採用」は，企業が卒業予定者（新卒者）を対象に，年度毎に一括して求人し，在学中に採用試験を行って「内定」を出し，卒業後すぐに勤務させる雇用慣行であり，企業では定期採用と呼ばれます。「シューカツ（就職活動）」とは，「職（JOB）」に「就」くための活動ではなく，「会社」に入って「メンバーシップ」を得るための活動と考えられます。企業は，「メンバーシップ」のメンバーとして，企業の命令に従ってどんな仕事でもこなせる潜在能力を有する若者を在学中に選考し，学校卒業時点で一括して正社員として採用します。こうして無事正社員になれば，職務，労働時間，勤務場所の限定なく働かなければならないのですが，その代わり仕事がなくなっても配転されることによって，定年まで安易に解雇されない終身雇用制度が維持・運用されてきました。諸外国に例を見ないこの特殊な慣行は明治から実施され，戦後の復興期に一般化し，現在に至っています。

学校教育においては，大学入試センター試験が示すように，予備校の全国模試などのデータから大学や高校が，そして学生が序列化され，学歴や学力に基づく偏差値によって，個人の進路（進学先）が決められています。

「学力に基づく偏差値の高い学校」に入ることが「良い会社」に入ることを保証し，「よい会社に入社」することが「定年までの雇用安定と豊かな生活を保障してくれる」というディスコースが支配的となったため，学校教育におけるキャリア形成支援であるべき「本来の進路指導」ではなく，「偏差値による進学指導」が常態化したと考えることができます。

このような日本独自の終身雇用・年功序列・企業別労働組合の雇用形態や新卒一括採用制度の仕組みの中で，働く人のキャリア自覚（自己のキャリア形成を主体的に考えること）の醸成は不問とされ，個人のキャリア選択やキャリア開発は組織主導が当然であり，企業内では，配置転換による特定の職務に偏らないゼネラリストの養成が一般的なディスコースになったと考えられます。

日本がGNP世界2位となった高度成長期においては，所得倍増計画などが政策として掲げられ，会社に忠誠を尽くし働くことが，国民全体の生活向上を保障することから，経営者・労働者双方が，会社が生活の中心であり，仕事一途で働く「企業戦士」「会社人間」であること，「会社を定年まで勤めあげる」ことは，社会共通の当然の暗黙の規範（ドミナント・ストーリー）であったと考えることができます。内閣府の「国民生活に関する世論調査」では，日本がGNP世界2位と

なった高度成長期とも重なる1960年代から2008年に至る全ての年の調査において，自身の生活レベルを「下」とする回答は1割以下となっています。日本国民の大多数が自分を中流階級だと考える「意識」は「一億総中流（いちおくそうちゅうりゅう）」と呼ばれました。誰もが，格差のない同じような人生を歩んでいるといった実感を抱いていたといえます。サビカスが指摘するように人生コースは標準化されており，企業も学校も個人も大きなストーリーを支えていたといえます。

　このような日本社会において，求められるキャリア開発支援のニーズは，会社選択と職場適応を支援することであったと考えられます。

　基本的に，正社員は会社主導のキャリア形成が前提となっているため，個人が職務を選択するのではなく，会社がその選択を行ってきました。そのため，個人のキャリア自覚の醸成や個人の特性と職業が必要とする要因とをマッチングさせる職業ガイダンス理論（後述）やホランド理論（後述）も日本においては，必要とされず発展しなかったと推察されます。

　また，学校教育においては，「新卒一括採用」制度のもと，日本の産業構造を支えるために，日本独自の進路指導の形態が発展したとも考えることができます。

〈雇用流動型社会〉

　1986年労働者派遣法が施行され，その後3度の改正のたびに，労働条件の整備とともに派遣可能な業種の拡大が実施されてきました。企業にとって，業務に応じて雇用調整ができ，効率的な経営が可能になる制度といえます。

　一方，労働者は組織に頼らず，自分の人生を主体的に生きることが求められます。よりよい年収や地位，労働条件・環境を求め，転職可能なEmployabilityを高め，可能なら安定した正社員への転換を求めます。企業は目標管理によって業務の達成を管理し，業務がなければ解雇することが可能になりました。図1に「正規雇用者と非正規雇用者の推移」を示します。

　バブルの崩壊後，正社員の高い拘束の見返りとして機能していた終身雇用や年功序列賃金を提供する余裕が企業から失われ，正社員削減による人件費減らしの動きが加速し，経営の効率化が進みました（竹信，2017）。特に，1993年〜2005年の期間は，全国の企業が定年による正社員数の自然減を補わない形で，新卒者の採用を減らし，正社員比率を激減させたため，「就職氷河期」と呼ばれました。

　また，多くの労働者派遣事業・職業紹介事業会社が設立され，「フリーター」などの新しい用語が生まれました。1990年代のバブル崩壊により，日本でもリストラとアウトプレースメントが盛んにおこなわれ，一時期はキャリア・カウンセリング＝アウトプレースメントと誤解される風潮もありました。

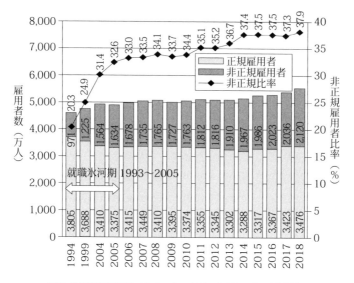

（注）非正規雇用者にはパート・アルバイトの他，派遣社員，
　　　契約社員，嘱託などが含まれる。
（資料）総務省「労働力調査」平成 11 年度〜 30 年度

図1　正規雇用者と非正規雇用者の推移

　非正規雇用者は，1990 年に全産業で 20.0％でしたが，現在では約 40％に達し
ています。しかし，この 40％という数字は平均値にすぎず，上場企業において
も，非正規社員数が正社員数を上回り，時には 9 割を超える会社もあります（竹
信，2017）。

　高度成長期に確立された日本型の年功的処遇は，その後，能力主義の名の下に，
「能力給／職能給」をベースとする職能資格制度へ移行し，その後，職務ベースの
処遇制度である職務等級制度／役割等級制度への移行が進んでいます（労務行政
研究所，2018）。また，正社員の人材配置については，会社主導であることは変
わりませんが，個人のキャリアニーズを反映できるよう，自己申告制や社内公募
制，複線型の人事制度，勤務地限定の社員制度などの導入が行われています（今
野，2008）。

　年功序列の賃金カーブは修正され，正社員であるメリットが減少する一方，経
営の効率を重視する企業では，「正社員＝無限定貢献」として，過重な仕事やサー
ビス残業を強要し，過労死やメンタル不調などの社会問題を増加させています。

　業務のアウトソーシングが進み，正社員であった管理職や専門職の非正規雇用
化も進んでゆきました。このような労働市場の流動化により，キャリア開発支援

のニーズは離転職者への支援やキャリア形成支援が中心の課題となりました。キャリア開発支援者の養成は，2002年に厚生労働省が計画決定した「キャリア・コンサルタント5万人計画」がきっかけとなり，厚生労働省の認可を受けた民間資格としての「キャリア・コンサルタント」の資格講座や開始されました。2016年4月に「キャリア・コンサルタント」国家資格が創設され現在に至っています。

　学校教育期においては，文部科学省はこれまで行われている「進路指導」とは別に「キャリア教育」を導入しました。キャリア教育は「一人一人の社会的・職業的自立に向け，必要な基盤となる能力や態度を育てることを通して，キャリア発達を促す教育」，キャリア発達を「社会の中で自分の役割を果たしながら，自分らしい生き方を実現していく過程」と定義し（文部科学省，2011），小学校から大学教育の中で，キャリア教育の取り組みを導入しました。この定義であれば，「キャリア教育」＝「本来あるべき進路指導」と考えることができますが，実際の取り組みは，職場見学や一部の学生へのインターンシップが中心であり，社会的・職業的自立が確立されているとは言えない現状にあります。「新卒一括採用」制度や大学入試センター試験や偏差値重視の進学指導は，今なお根強く継続しており，学校教育におけるディスコースは終身雇用型社会モデルと大きく変化していないといえます。

　日本独自の制度である「新卒一括採用」制度においては，特定の職務に関する職業能力やその資格などによって選別するという他国で一般的なやり方がとれないため，また採用後に多様な仕事への配置が可能な人材を選考することを可能にするため，企業の大卒等新卒者の採用選考の際に重視する基準のベスト5（2011年〜2016年度）は，「コミュニケーション力」「主体性」「チャレンジ精神」「協調性」「誠実性」になっています。（日本経済団体連合会，2016）。このように，現在でも企業は，学校教育期に培った特定の職務・職業につながる専門性を重視するのではなく，社会人として，組織人として，共に働けるメンバーシップの要員を選んでいるといえます。

　このような社会の現実と学校教育とのディスコースのギャップは大きく，企業で新たに職に就いた新入社員が，事前に思い描いていた仕事や職場環境のイメージと，実際に現場で経験することとの違いを解消することができず，不安や幻滅，喪失感などを強め，ときに離職にまでいたる問題は「リアリティ・ショック」といわれ，人事問題となっています。入社後，会社と新入社員とのミスマッチによる早期退職について，厚生労働省の「学歴別卒業後3年以内離職率の推移」資料（厚生労働省，2018）によると，1995年以来，大卒新入社員の3年以内の離職率が30％を超えており社会問題化しています。

〈変動型社会〉

2016 年，2017 年にスイス・ダボスで開催された世界経済フォーラムの年次総会（通称「ダボス会議」）では，第 4 次産業革命（The Fourth Industrial Revolution）がテーマとして取り上げられました。この会議では，「VUCA ワールド」という言葉が頻繁に使用されました。VUCA とは，Volatility（変動性），Uncertainty（不確実），Complexity（複雑性），Ambiguity（曖昧性）を意味し，これからの予測が難しくなった社会経済状況を表します。ダボス会議では第 4 次産業革命がもたらす未来について，経済・ビジネス，国家と世界，社会，個人への影響を包括的に討議しています。現在すでに，人口知能（AI），インターネット・オブ・シングス（IoT），ロボット技術，自動運転車，ナノテクノロジー，バイオテクノロジーエネルギー貯蔵，量子コンピューターなど，多領域にわたるイノベーションが進行しており，新しいビジネスモデルの出現，従来モデルの破壊や生産・消費・輸送・配送システムの再編に示されるようなあらゆる産業にわたる根本的転換に直面しています。ダボス会議の創始者であるクラウス・シュワブ（2016）は，「第 4 次産業革命はデジタル革命の上に成り立っており，…（中略）…仕事の『対象』と『方法』を変化させるだけでなく，私たち自身が『誰』なのかも変える」また，「多くの心理学者や社会科学者と同様に私が思うのは，私たちの生活における技術の容赦ない統合がアイデンティティの概念に及ぼす影響，そしてそれが内省，共感，思いやりなどの人間が本質的に持つ能力を損ねる可能性である」「第 4 次産業革命は人間をロボット化し，これまで私たちが重視してきたもの──労働，コミュニティ，家族，アイデンティティを脅かす可能性がある。その一方で，人間を共通の運命感に基づいた新たな集団的，道徳的意識へ到達させる可能性も秘めている。後者となるようにするのは，私達全員の責務である」と述べています。

第 4 次産業革命について，世界の国々や企業はすでにその変化への対応を模索・試行しており，日本政府も第 4 次産業革命への対応の方向性を示し（経済産業省，2018）や働き方改革への取り組みをはじめています。

また，世界人口は現在の 72 億人から 2030 年までに 80 億人，2050 年までに 90 億人に達すると予想されています。また，国連の推計によれば，2050 年までに，日本の 100 歳以上人口は 100 万人を突破するといわれています。また，先進国では，2007 年に生まれた子どもの半分以上は 100 歳以上生きることが予想されています。グラットン Glaton, L. とスコット Scott, A. は，『LIFE SHIFT ── 100 年時代の人生戦略』（東洋経済新報社）で，従来の「教育─仕事─引退」の 3 ステージモデルが崩壊することや，マルチステージを生きるために，お金に換算でき

ない人生の資産として，①生産性資産（スキル・知識・仲間・評判），②活力資産（健康・バランスのとれた生活・自己再生の友人関係），③変身資産（自分についての知識・多様性の富んだネットワーク，新しい経験に対して開かれた姿勢）の重要性を提唱しています。

　また，「100年ライフでは，…（中略）…長い人生は1つの長い旅と考えるべきだ。それは私たち一人ひとりの人生を性格づける旅である。その旅に乗り出すときには，次のような問いに答えなくてはならない。それはどのような形の旅になるのか？　それを真の意味で自分の旅にするためには，どうすべきなのか？　これらの問いの答えは，その人がどのような選択をし，どのような価値観で生きるかによって決まる面もある。一人ひとりの選択と価値観が人生の出来事やステージや移行の順序を決め，それが自己意識，つまりアイデンティティを築いてゆく」「長い人生で多くの変化を経験するとき，過去と現在と未来を結びつけ，自己意識を形づくるのは，その人が持つ単一のアイデンティティだ。3ステージの人生では，一本の線のように連結性と継続性のあるアイデンティティを保つことは比較的容易だったが，マルチステージの人生ではそれが難しくなる。…（中略）…100年以上にわたりアイデンティティを維持し，人生のさまざまなステージに一貫性を持たせることは，簡単ではない。…（中略）…『私は何者か？』『私はどのように生きるべきか？』という問いに答えられるのは，結局のところ本人しかいない。人生が長くなれば，これらの問いは無視できなくなる」と指摘し，「人生をデザインすること」「人々に自己効力感と主体感を持たせ，計画と実験と習熟を後押しすることの重要性が高まる。教育機関と政府はその手ために貢献することができる」としています。

　このようなデジタル時代を前提として新たに提唱された，サビカスの「キャリア構成理論によるライフデザイン・カウンセリング」は，これからの「VUCAワールド」の100年ライフを生きる私たちの後押しをする有効な手立てとなると考えられます。

　また，学校教育について，これまでに示されてきた新しい人材像を表2に示します。わが国では，これまで「生きる力」（文部科学省，1996），「エンプロイアビリティ」（日本経済団体連合会，1999），「人間力」（内閣府，2003），「社会人基礎力」（経済産業省，2006）「学士力」（文部科学省，2008）などの求められる人間像が提示されていました。世界では，21世紀の不確実な社会を前提とした教育にありかたについて，「ライフスキル」（WHO，1994），「リテラシー」（OECD and Statistics Canada，2000），「21世紀スキル」（P21，2009），「キーコンピテンシー」（OECD，2003），「成人力」（European Commission，2006），「国際成人力」

表2　日本と世界で求められる人材像・能力観

年	名称	機関・プログラム
1994	ライフスキル	WHO（世界保健機関）
1996	生きる力（知・得・体）	文部科学省・中央教育審議会
1999	エンプロイヤビリティ	日本経営者団体連盟
2000	リテラシー	OECD
2002	21世紀スキル	アメリカ・P21
2003	人間力	内閣府・人間力戦略研究会
2003	キーコンピテンシー	OECD-DeSeCo （キーコンピテンシーの定義と選択）
2006	成人力	EC（キーコンピテンシー： ヨーロッパ準拠枠）
2006	社会人基礎力	経済産業省
2008	学士力	文部科学省・中央教育審議会
2009	国際成人力	OECD
2013	21世紀型能力	国立教育政策研究所

（OECD，2009），「21世紀型能力」（国立教育政策研究所，2103）が示されています（田中，2015）。これらの教育モデルは，変化する社会の中で必要とされるメタ・コンピテンシーを明らかにして，次世代の教育に反映させることといえます。

　このようなコンピテンシーモデルが提示されている中，学校教育の改革が叫ばれ，アクティブラーニングの導入などいろいろな取り組みが試行されていますが，これまでの日本の教育システムを変換することは時間のかかる課題といえます。

3．これから求められるライフデザイン・カウンセリング

　しかし，2018（平成30）年6月に，労働基準法，パートタイム労働法，労働政策総合推進法など36つの法律を改正する「働き方改革法案」が成立し，2019（平成31）年4月から段階的に施行されています。この働き方改革の施行により労働生産性の向上，同一労働同一賃金など非正規労働者の待遇改善や労働時間制度の柔軟化，裁量労働制外国人材の受入れ促進などが実態化することにより，これから数年で日本的雇用慣行が大きく変革してゆくことが予想されます。

　また，第4次産業革命によるテクノロジーの発展は，事務業務やサービス業務

などの多くに分野において省力化が加速し，労働者の層別化，待遇格差が広がる可能性が予想されています。

　明治以降続いてきた，日本独自の雇用システムである「新卒一括採用」制度についても，日本経済団体連合会は，2021年度春の入社分から「就活ルール」の廃止を決めました。このような変化は，就活時の学生の選別を厳しくすることになり，氷河期時代のように就職できない学生が生まれる可能性も高いといえます。また，少子化が進む中，社会の流れに対応できない学校は淘汰されることになると思われます。

　このような社会の産業構造や雇用システムが大きく変化する中において，個人はアイデンティティ・ワークが重要となります。アイデンティティ・ワークは人生の課題，職業的変換，精神的外傷によって引き起こされる不確実性を乗り越えていくためのアイデンテティの構成と再構成のプロセス（Savickas, 2011）です。

　これまでの比較的安定していた日本の社会構造や雇用システムの中で，形成されたディスコース（ドミナント・ストーリー）に気づき，新たなアイデンティティと不確実な社会を生きる人生デザイン（オルタナティヴ・ストーリー）を獲得しなくてならないといえます。

　一方，冒頭で述べたように，日本特有の発展をしてきた「終身雇用型」「雇用流動型」「変動型」の3つのモデルは，第4次産業革命と呼ばれ，働き方が大きく変化する時代においても，欧米とは異なり複雑に併存すると考えられます。

　したがって，日本においてはキャリア支援のニーズも「会社適応・職場適応／職業ガイダンス」＋「キャリア形成支援／離転職支援」＋「ライフデザイン／アイデンティティ再構成」の複合的なものとして発展することが予想されます。

第2章

キャリア・カウンセリングの歴史
——そしてライフデザイン・カウンセリングへの移行

平木典子

▌ 1. はじめに

　サビカスのライフデザイン・カウンセリングは，世界的な関心を集めている 21 世紀のキャリア・カウンセリングです。そのアプローチは，『サビカス　キャリア・カウンセリング理論』（Savickas, 2011）で紹介されている通り，5つの具体的な質問によるキャリア構成インタビューから成り立っており，その理論の背景には，ポストモダニズム・社会構成主義の認識論に基づくナラティヴ・セラピーの理念と方法があります。

　サビカスのアプローチを実践するには，その前提となるポストモダニズム・社会構成主義の認識論とナラティヴ・アプローチを理解しておくことが必要です。サビカスは，上記の著書の中で，キャリア・カウンセリング発祥の地北米における 100 年を越えるキャリア支援の歴史の中で，3つの主要な理論的枠組み（パラダイム）の変遷を述べて，その変遷を踏まえた支援の重要性を強調しています。

　第1章に続けて，本章ではサビカス理論を理解し，実践するために，第1のテーマとして，日本におけるキャリア支援の歴史をたどります。

　周知のとおり，キャリア支援は 1900 年代の初期，北米におけるパーソンズによる実践と著書 “Choosing a Vocation”（Parsons, 1909）により開始され，その活動は 1913 年に National Vocational Guidance Association（NVGA：1985 年に名称を NCDA = National Career Development Association に変更）の設立によって受け継がれ，100 年を越える研究と実践の歴史を持っています。それは 1900 年に医療の分野で誕生した精神分析と並行して発展してきた二大心理支援の一翼を担ってきた歴史的アプローチでもあります。また，NVGA は 1952 年には北米カ

ウンセリング学会（ACA）の設立母体となり，現在 ACA の 18 の構成学会の 1 つとしてその活動のリーダー的存在であると同時に，単独学会としても世界で最も長い歴史を持つこの種の学会として，キャリア開発の推進に強い影響力を持ち続けています。

　翻って，日本のキャリア支援の歴史は，戦後，北米のカウンセリング教育の使節団によってもたらされて以来 50 年あまりであり，北米と同様の理解，実践，研究が行われてこなかっただけでなく，むしろ，言葉の意味の理解を含めて北米とは異なった紆余曲折を経て，サビカス理論にたどり着いています。さらに，careerという言葉は，筆者にとっては誤訳に近い「職業」という日本語訳で紹介され，キャリア・カウンセリングを追求する学会は「日本産業カウンセリング学会」あるいは「日本カウンセリング学会」ですが，両学会ともキャリア・カウンセリングの神髄を追求してきたとは思えません。

　日本におけるキャリア・カウンセリングの第一人者 渡辺三枝子氏はハー，E. L.との共著『キャリアカウンセリング入門』（2001）で，その間のいきさつをあらためて論じています。キャリア・カウンセリングの理念から実際までをあえて問い，再確認したこの著書の意義は非常に大きいと受け止めています。

　そこで本章では，第 2 のテーマとして，日本のキャリア・カウンセリングの紆余曲折にはキャリア・カウンセラーの教育・訓練と実践が，時代の変化とユーザーのニーズに応えきれないほど現場感覚と専門性に乏しい方法で行われ続けていたことが見受けられることを中心に，何が欠けていたかを考えてみたいと思います。

　筆者自身は，北米でキャリア・カウンセリングの専門教育を受けて帰国したものの，現場のニーズと自分の関心から家族療法と心理療法の立場で心理的不適応のクライアント支援に専念してきました。そのため，長年，日本のキャリア・カウンセリングの領域に直接かかわりを持つことがなかったのですが，企業におけるアサーション・トレーニングや家族療法の中で，ワーク・ライフ・バランスの問題に出会うにつけ，個人の生き方の支援としてのキャリア・カウンセリングの中でワーク・ライフ・バランスの問題に取り組んでいる実践家が少ないことに驚いたことを覚えています。その時の印象は，極端に言うと，日本のキャリア・カウンセリングはその導入期から現代にいたるまで「マッチング理論」と傾聴で過ごしてきたというものでした。

　日本のキャリア・カウンセリングの現場実践に欠けているのは，時代の変化とユーザーのニーズに応えるための現場感覚の乏しさであり，それを先取りして支援の実践につなごうとする実践家の探求心不足でしょうか。実践家は研究者より

も時には教育者よりもいち早く，時代と環境の変化の中でクライエントが体験している問題や症状の新規さや対応の難しさに出会い，現場でその対応を迫られます。そこでは，自己の支援法や能力では不十分であることや未知の世界への対応を熟慮・熟練しなければならないことを思い知らされるでしょう。今，日本のキャリア・カウンセラーに必要なことは，このような対応に熱心に取り組むことです。

　ここでは，すでに世界の心理支援の理論・技法で大きく変化している心理支援そのものの認識論について紹介することにします。いきなり，最も斬新なサビカス理論に取り組むことも可能ですが，そこに至る心理支援の認識論の変化について知ることは，実践の中で出会ってきた自己の不十分さや不可解な思いを補うと同時に自分の立ち位置を確認する助けとなるでしょう。

　上記2つのテーマについて述べることは，さらなるパラダイムの変化である社会構成主義に基づいた支援の理解とサビカス理論の実践に役立つと考えます。それは，21世紀の支援とは問題や症状を持った人を「援助する」ことではなく，「問題が解消するように語り合う関係」を持つことだということが理解されるでしょう。

　キャリア・カウンセリングの実践をしている読者にとって，本章があらためてキャリア・カウンセリングの意味に思いを巡らし，その働きを再確認し，さらに仲間と議論を続ける契機になることを期待しています。

2．キャリアとカウンセリング

〈あらためてキャリアとは──「キャリア」に託された意味：日本と米国の違い〉

　キャリア支援を表現するときの「キャリア」という言葉は，北米においてもパーソンズの著書（Parsons, 1909）で vocation が使われて以来, vocation, career, life-career, life-design と変化しています。加えて，日本におけるキャリアの概念と意味の理解は，その翻訳の難しさも含めてかなり複雑な経過をたどってきました。

　まず，career counseling の career は，ラテン語の carrus（車）を語源とし，転じて車の走路，「人生路」「生涯」となり，英語圏では人生のプロセス，あるいは生涯の生き方を意味するようになりました。つまり，英語のキャリアは「職業」を意味しないにもかかわらず，日本語では「職業」と訳され，カウンセリングも職業に就くための，あるいは職業にかかわる心理支援と受け取られています。英語では，職業は，働くこと（work）にかかわる仕事の内容や性質・機能を表わす

言葉なので，職業には 4 種類の意味を持つ 4 つの単語があります。職種とか専業を意味するときは occupation（日本語の職業に最も近い），専門職を意味するときは profession，天与の職務とか天職を意味するときは vocation，そして課された作業，任務を意味するときは job を使います。

　日本に vocational guidance, career counseling などが紹介されたとき，vocation も career も職業，guidance は指導，counseling は相談と訳されました。その結果，「職業指導」と「職業カウンセリング」は，長年，進路指導，職業紹介，就業や再就職・転職の相談など特定の職業に就くための支援と理解され，キャリア・カウンセリングも「職業に就く」「稼業を選ぶ」，あるいは「職業生活を順調に送る」ための支援と受け取られています。その点で，日本では北米で一般の人々が理解しているキャリア＝生涯の生き方という意味が概念としても実践においても異なって受け取られています。

　近年，そのギャップが明確になったことから，カタカナのキャリアとカウンセリングを使うことによって，一人ひとりが自分を生かした生涯発達支援，自己の生涯をデザインするキャリア支援の必要性が認められ始めました。また，キャリアをプロセスとしてとらえる支援専門職の働きの重要性が認められて，あらためてカウンセリングの意味も問われ始めています。

　ちなみに，英語圏や先進工業国においては，日常のほとんどの時間を「稼業」に使う生活，働くことが「経済的豊かさ」や「楽な生活」を確保し，また「自分の能力をためす」ための手段になっているような生き方はキャリアを生きているとは言えないとの見方から，「人生としてのキャリア（life career）」という言葉をあえて使う人々も出てきました。日本においても，あらためて，キャリア・カウンセリングの意味を確認し，現代におけるキャリア支援の実際につなぐ作業が必要になっています。

〈カウンセリングとキャリア・カウンセリング
　　──近代に生まれたカウンセリングの意味〉

　産業革命後の科学の進歩と工業化が進んだ近代社会では，人々の働く場は都市に集中し，働くことの意味が生活のためから個人の自己実現や人間の可能性の追求へと変化しました。パーソンズの試みが開始されて 50 年を経た 1960 年代，北米のキャリア・カウンセリングは，第二次世界大戦後の心理学の目覚ましい進歩とカウンセリングの理論・技法の開発・洗練の下で，新たな発展を開始しました。それは，サビカスの著書（Savickas, 2011）におけるキャリア支援の第 1 のパラダイム「職業ガイダンス」から第 2 のパラダイム「キャリア教育」への移行期にあ

たります。1960年代から70年代にかけてのキャリア・カウンセリングは，「個人の適正と職業の特性のマッチング」の支援から「キャリアを見据えた能力の開発と選択力の育成」を目指すようになっており，その移行期に日本にカウンセリングが紹介されたのでした。

　筆者は，たまたま1960年代の初めに北米の大学院でカウンセリング（キャリア・カウンセリング）の教育・訓練を受ける機会を得ましたが，それは，筆者にとってカウンセリングの基礎訓練を受けたことであると同時に，今ふり返ると，キャリア支援のパラダイムの移行期にカウンセリングを学んだことになります。その内容は，言わば，サビカスのキャリア支援の第2のパラダイム「キャリア教育」の先駆を学んだことになります。そこで，この節では，その訓練の中で強調されたキャリア・カウンセラー（あるいはカウンセラー）養成の3つの視点を紹介して，キャリア教育という支援を理解する一助としたいと思います。

　ミネソタ大学大学院におけるカウンセラー養成は，当時，全米のvocational guidance（職業ガイダンス）のリーダーであり，戦後日本への教育使節団のメンバーの1人でもあったウィリアムソン（Williamson, 1939）を中心に実施されていました。そのプログラムは，一見，パーソンズ（Parsons, 1909）の考え方を心理学で洗練した「特性因子理論」に基づくカウンセラー養成でしたが，同時に人の生涯発達におけるvocationの実現を支援するカウンセラー養成でもあったことが理解できます。

　ミネソタ大学は，周知のとおりMMPIの著作権とストロング職業興味検査の版権を持つ大学であり，心理テストをフルに活用して個人のアセスメントを行い，学内の数種類のカウンセリング施設で実習ができるプログラムを実施していました。加えて，州立大学であることを生かしたミネソタ方式と呼ばれる州内の小学校から高校までのキャリア教育プログラムの実践指導を行なっていたこともあって，全米から教師や社会経験のあるスクールカウンセラー転向組を含めて多くの学生が集まっていました。

　プログラムの基礎となるのは，「人は誰もが自分にふさわしいvocation（天職）を生きる権利がある」という人間観であり，その理念を実現するためにカウンセラーは，「各自が持てる能力を活用して，社会の中でなすべきことを生涯にわたって追求する生き方」の支援をすることになっていました。その意味で，カウンセリング（キャリア・カウンセリング）は教育的営為（教育という人間育成）の延長線上に位置づけられていました。

　その理念を実現するために，カウンセラーは人々を3つの視点から理解し，支援する必要があると考えられていおり，その3つの視点とは，人間のvocationの

実現，心理的能力の開発，そして心理的外傷体験や心理的苦悩の癒しです。

① vocation（天職）の実現を支援すること

　vocational guidance，あるいは vocational counseling における vocation とは，先にも述べたように「天から与えられた職務」「天職」であり，それは occupation とか job といった職業や仕事に就くための支援ではないことになります。必然的にその支援は，生き方や自己実現の支援になり，カウンセリングとは，自分ができることで，自分を生かす働きの実現を支援することであり，その働きを開発し，訓練につなぐ教育という大きな傘の下で行われる生涯を通して自立的に生きる支援になります。

②心理的能力の開発

　vocation を通して自己実現を支援するカウンセリングには，人が一生を通じて成長・発達することの支援があります。それは「潜在能力の開発・促進」であり，カウンセリングの中核となる働きは，一人ひとりの成長と必要に応じた心理的能力の開発です。換言すれば，人には誰もが異なった「未開発」「未発達」の部分があり，個人が持つ資源を最大限に生かすために，個人のニーズに応じた適切な支援を行うのがカウンセラーということになります。その中には，知的・技術的能力はもとより，自己理解・他者理解の能力，人間関係のスキルなどが含まれます。

　ミネソタ大学では，このような「開発的」な働きを強調した支援を Personnel Work（人的資源にかかわる働き）とも呼んでいました。それは一人ひとりの心理的，教育的ニーズを配慮した働きであり，人間の生理的・心理的発達の育成はもとより，倫理的態度の育成である社会化に必要な「しつけ」や「訓育（discipline）」も入ると考えられていました。訓育とは人の行為を矯正したり罰することではなく，心理的な配慮のもとで行われる人権尊重の精神の育成を含む心理的能力の開発の一つとして，教育的，開発的かかわりとされていました。たとえば，テスト中にカンニングを行った学生は，カウンセリング・センターの訓育カウンセリング（disciplinary counseling）を担当するカウンセラーにリファーされます。カンニングとは，学問を追求する学生がその目的を自ら裏切る行為であり，その経験を通して人間の倫理性や精神性を開発する教育の一環にしていたのです。

　ミネソタ大学教授であり，北米のキャリア・カウンセリングのリーダーの一人でもあるハンセンは，その著書（Hansen, 1997）で人間が bio-psycho-social な存在だけでなく ethical で spiritual な存在でもあることを強調していますが，その

源にはこのような心理的能力の開発という伝統を引き継いだ人間観をみることができます。現代におけるコンプライアンスやパワハラといった問題を示唆する取り組みでもあったと言えます。

③心理的癒し

　心理的外傷体験や心理的苦悩のカウンセリングも，上記２つの支援の延長線上にあります。心理的ケアや心理療法を必要とするクライエントの早期発見と初期対応は，教育機関における必須の働きであり，この領域の支援はキャリアを含む心理的能力の開発と分離することはできません。その支援は個人が生涯をいかに生きていくかを展望したものであり，心身の障害を持ちながら生涯を生きていく人の支援でなければならないと考えられていました。

　その必要に対応するために心理療法を志向する大学院生には，MMPIとロールシャッハの訓練などを含む心理療法の科目が特設されており，北米における「スクール・サイコロジスト」養成モデルになっていきました。

　1960年代以降，北米のカウンセラー養成が心理的治癒，心理的能力開発，vocationの実現を統合した視点から行われていたことは大きな意味を持ちます。現在，教育機関や職場，そして個人開業の心理支援の現場では，この３つの領域のすべての支援が求められています。これらの場には，多様なニーズを持つ人々が訪れ，多元的な視点からの支援が必要とされます。現在，多職種の協働やリファーが当然となっているところでもあります。その意味で，キャリア・カウンセリングの３つの視点は生涯発達支援の視点からの心理支援として，現代に引き継がれており，北米ではキャリア・カウンセリングとカウンセリングは同義的，互換的に用いられていることが理解できるでしょう。また同時に，この時代，北米ではカウンセリングと心理療法も互換的に使われ始めています。次節ではそのプロセスと意味を考えることにします。

3．キャリア・カウンセリングと心理療法

　北米におけるカウンセリングとキャリア・カウンセリングの発展の歴史から見ると，日本のカウンセリングは，上記の心理支援の３つの視点が十分生かされてこなかったと思われます。その理由は，日本にはなかったカウンセリングという概念の理解が困難であったことに加えて，その働きが北米に遅れること50年を経て導入されたことがあるでしょう。しかし，それにもまして問題となるのは，日

本のカウンセリング，とりわけキャリア・カウンセリングの領域で，心理療法の理論技法との積極的な相互交流，あるいは両アプローチの統合が行われてこなかったことです。もちろん，先に述べた教育機関や職場，個人開業の現場で心理支援を行っている心理職や精神科医たちの中には，必要に迫られて個人的に統合の試みを続けて，独自の支援を実施している人もいます。一方，学会による建設的な議論や試みは低調で，むしろ対立と分裂，相互軽視の歴史が続いてきました。

　日本のキャリア・カウンセリングが，地球規模の急速な変化を生きる 21 世紀の人々の自分を生かして自分らしく生きるという緊急課題に応える支援を行うには，これまで軽視してきた心理療法の重要な鍵概念を知り，見直し，取り入れる必要があります。それらは，サビカスの社会構成主義の認識論に基づく「キャリア・カウンセリング」を理解し，実践するための重要な手掛かりになるでしょう。

〈心理療法の理論・技法の統合から——多様性の中から生まれた統合の試みと
　鍵概念〉

　北米のカウンセリング・心理療法の発展の歴史の中で最も注目すべき動きの一つは，1970 ～ 1980 年代の心理療法・カウンセリングの理論・技法の統合の試みです。その契機は，1970 年代の心理支援の理論・技法の発展による 400 を超える優を争うアプローチの乱立と氾濫であり，それはアプローチ間の冷戦と心理的支援の教育と実践に混乱をもたらしました。その結果，北米では理論・技法の効果研究と整理・統合が開始されたのでした。

　学際的研究と実践を志向する統合の試みは 1950 年代に開始されていましたが，1983 年には「心理療法の統合を探求する学会（SEPI=Society for the Exploration of Psychotherapy Integration）」が設立され，とりわけランバート Lambert, M. J. の心理療法の効果に関する 40 年間のリサーチのメタ分析による論文（Lambert, 1992）が発表されるに及び，統合の方向性が明確になりました。その要点は，①アプローチによる効果の差はないこと，②心理療法においてクライエントの変化に大きく関与している要素は，セラピストが活用する理論・技法の違いよりもどのアプローチにも存在する 4 つの共通因子でした。セラピーによる変化全体の 40％にかかわっている要因は心理療法以外のもので，「クライエント自身の潜在能力」と「セラピー外で活用しているサポート資源」，次に全体の 30％の効果にかかわる「クライエントとセラピストの関係の質」，次いで「セラピーの技法」が 15％，残りの 15％は「プラシーボ効果」（クライエントが心理療法やセラピストに抱く期待や希望）だということがわかったのです。

　その後も心理療法の効果研究は続けられていますが，この研究を契機として心

理療法の実践家たちは，３つの考え方と方法による心理支援を始めました。それは，

　①流派の壁を乗り越えて**理論・技法の矛盾を補完**すること。
　②異なった技法名で呼ばれる**技法の同質性**を確認すること。
　③多元的アプローチによる**ユーザー（クライエント）フレンドリー**な，アカウンタビ
　　リティの高い実践をすることです。

　その方法には，理論的統合，技法的折衷，共通因子による統合，同化的統合などがあり，現代の心理療法は，統合的心理療法が当たり前となっており，実践家たちは各学派の理論・技法の長所を取り入れ，２つ以上の理論・アプローチを組み合わせたり，１つの理論の枠組みの中に他の理論・技法を同化（assimilate）して，理論的にも技法上も整合性のある，クライエントに適した心理支援の考え方と方法を追求しています。

　現代の心理療法の初期教育では，まず，人間の悩みや問題を異なった視点からアプローチする心理支援の基本となる理論・技法である精神分析（人間の心理内力動を中心とした支援），行動療法（人間の言動を学習理論により行う支援），認知療法（人間の不適応行動を外的刺激の認知の歪みととらえて行う支援），家族療法（人間の関係性の問題の支援）を学び，その上で統合理論と技法（たとえば認知行動療法）など自らの志向と現場のニーズに応じた実践を試みるようになっています。

　さらに，この動きは個人療法内だけでなく，形態の異なった家族療法や集団心理療法，コミュニティ・アプローチなどとの統合，さらに心理療法外のアプローチである医療，薬物療法，歯科治療，ガンや不妊の治療などとの統合にも広がり，とりわけ多職種が関わる支援機関では職種間のアプローチの整合性のある協働が志向されています。また，心理療法の理論自体が文化的価値から自由ではないことを考えて，異文化間の視点や宗教的体験，民族による習慣，考え方，価値観を理解したアプローチなどとの統合も大きなテーマになりつつあります。心理療法は霊的な経験や信仰を奨励する支援ではないが，人間は，bio-psycho-social-ethical-spiritual な存在でもあることを考えると，たとえば認知行動療法でマインドフルネスのプロセスが仏教の瞑想・禅の修行から取り入れられていることは頷けます。そのような体験の意味や経験を心理支援の中で統合する方向性があり得るということです。

　その意味で，欧米で生まれ，発展してきた心理支援のアプローチが日本人においてどのように活用され，日本文化にどのように統合されてきたかを無視するこ

とはできません。キャリア・カウンセリングという生涯の生き方という総合的な人生の支援において，理論・技法の統合的活用は重要な検討課題でしょう。議論が進むことを期待しています。

〈家族療法が注目した「関係性」の視点から──「関係性」の理解から生まれた
　　支援の意味〉

　北米で 1950 年代に誕生し，1970 年代には心理療法の世界を席巻するとまで言われた家族療法は，1980 年代初期に日本に紹介されました。このインパクトの大きさは，それまで行われていた個人療法における個人の心理・行動などの変化の支援を家族集団の支援にしたことで，集団における「関係性」の理解と支援が可能になったことです。また，発見された関係性理解のための鍵概念は，家族内の葛藤・問題だけでなく，個人の症状・問題，家族以外の集団や組織の問題の支援にも活用されるようになりました。
　家族療法の 50 年以上に及ぶ実践の歴史は，大きく２つの認識論の変化を経て現在に至っています。本論では，家族療法の理論・技法の紹介はしませんが，家族療法の世界で，①第一次サイバネティックスによる家族療法，②第二次サイバネティックスによる家族療法と呼ばれている認識論の変化について述べ，サビカスのキャリア・カウンセリングの背景となっているポストモダニズム・社会構成主義の認識論につなぐことにしたいと思います。

①第一次サイバネティックスによる支援者：関係性を変える手伝いをする人
　家族療法の理論と技法は，個人療法を実践していた精神科医や心理療法家がたまたま家族の数人・あるいは全員と面接したり，関わったりする機会を得て，関係性のメカニズムを発見したことから開発されました。
　「関係性」とは，人々の相互作用から生まれる関係のパターンや特徴，質などであり，たとえば人々の相互作用による親密さや競争，葛藤などで表現されます。
　個人療法では，家族メンバー間の関係性にかかわる悩みや問題が頻繁に出てくるのですが，家族の数人に会ってみると，その問題や悩みにかかわる関係性の捉え方はメンバーにより異なっていたり，問題とされるメンバーも違っていたりします。たとえば，「長男の不登校が我が家の問題」という母，「母親の過保護が長男を不登校にした」という父,「自分の不登校は自分の問題なので放っておいてほしい」と訴える長男,「我が家の問題は不登校ではなく父母の不仲」という長女といったことです。そして多くの場合，誰もが自分の見方が正しいと思い，主張します。この状況を第三者の立場から観ると，個々の考えや意見の違い・対立・葛

藤がむしろ問題だと思われる状況です。

　また，家族全員が子どもの不登校は問題だと思っているが，それは学校でのいじめや教師の指導の不適切さなどから起こると受け取る場合もあります。逆に，学級担任や学校側は，生徒の不登校は，その生徒の「家族関係」や「育てられ方」の問題と考える場合もあります。これらの見方は，「問題の人」や「問題の原因」は当事者たちの外側にあると捉えているという点で同じであり，さらに，上記の家族内で個人を問題だとする見方と変わりません。問題の原因をある集団内の個人にするか，より大きな集団（地域社会）の中のある小集団（家族や学校）の問題とするかの違いになります。集団と集団の対立や見方の違いが関係の仕方や関係の結果の問題として生じているとみることができます。

　このようにして，ある状況下で関わり合った人々がつくる関係性の受け取り方は，当事者や関係者に異なった見方と影響をもたらし，関係者は症状，悩み，反発，批判，混乱などさまざまな形で表現します。個人療法では，個々の訴えに従って面接が開始されることもあって，時には関係した人々がつくった関係性の問題が特定の個人の問題として受け止められ，個人の責任で治められることになるのです。その結果，メンバーの中には助けられる人，責められる人，罰せられる人などが出てくることにもなり得ます。

　家族療法は，関係性の問題の発見によって，支援の目的を集団内の誰かを変えることではなく関係性を変える支援になり，そのために関係性のメカニズムを観る視点と変える支援法の開発が促進しました。関係性の理論化が家族システム理論であり，家族づくりのプロセスや家族間コミュニケーションなど家族メンバーの相互作用の中で生じる関係性の問題が抽出され，それらに変化をもたらす支援法も創出されました。それらは現在，家族療法の理論・技法としても，個人療法や他の集団活動にも活用されています。

　このように家族関係を観察し，理解して関係を変える支援法は，家族療法の世界では第一次サイバネティックスによる支援法と呼ばれます。支援者は観察者の立場に立ち，家族，あるいは関係者集団の外側から支援するイメージです。関係性の問題に巻き込まれて関係性を鳥瞰できなくなっている当事者たちに対して，それができる第三者が外側から関わることで関係性を変える支援を可能にするということです。

②第二次サイバネティックスによる支援者：関係性を体験しながら関係性のルールの変化に協働する人

　ところが，家族心理学，家族療法の実践家たちは，間もなく関係性の支援の実

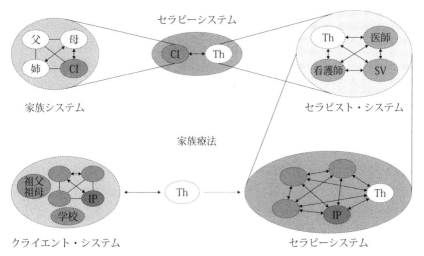

図1　支援者の役割・機能

　際は，上記のように進んでいないことに気づきました。それまで支援者たちは，家族の外から家族を支援しているつもりでしたが，実際の支援と変化は，支援者を含めた関わり全体の中で進んでおり，その相互作用を意識することなしに，そしてそれを鳥瞰できる支援者なしに，支援は成立しないことを認識したのです。支援者が陥りがちな認識です。

　家族集団の関係性は，観察者としての支援者ではなく，個々のメンバーや家族全体と関わっている支援者との関係の中で変わっているのであり，支援のポイントは，自分も含めたメンバーとの関係がどう変われば家族の関係性が変わり，その結果，家族自身が関係性を維持したり，変化させたりできるようになるかということです。換言すれば，支援者と家族の関わりの目的は家族の関係性の変化ではなく，家族が「関係性のルールの変化」にかかわれるようになることになります。

　図1は，個人療法も家族療法も個人が関わっている他者や他の集団との関係性なしに支援は成り立っていないことを示しています。第一次サイバネティックスの認識論では，家族は支援者によって外から変えられる存在（図の左下，支援者が外にいる）と認識されていましたが，実際，支援活動の中で起こっていることは，図の右下の相互作用です。つまり，社会（セラピストの属している集団）のメンバーの1人である支援者が，個人としても，家族の仲間としても，また専門

家集団のメンバーとしても，一時的に家族の中で新たな関係性づくりの体験学習のプロセスに参加し，相互に支援し合って家族の関係性の変化に取り組み，新たな関係性を構築し，家族にとってその体験がその後の関係性の問題解決のモデルになるという認識です。

　第二次サイバネティックスによる家族療法の認識論は，人々が集まり，関わり合っている場では，家族だけでなく，学校，職場，地域社会などにも適用できることになります。

③情報処理過程の鍵を握るコミュニケーション

　変化の支援をこのように認識すると，第一次サイバネティックスの時代に開発された家族療法の理論・技法の中でとりわけ注目されるのがコミュニケーション理論です。人間のコミュニケーションは，理解やかかわりをつくるだけでなくメッセージを発した者がそれを受けた相手に影響を与え，相手はそれを受けて反応を返し，相互作用の循環が始まります。それは，メッセージを発した人の与えた影響に対するフィードバックであり，それが人々の情報処理過程です。

　人々のコミュニケーションを情報処理過程として理解すると，家族療法では多様な要素によるコミュニケーションの機能が理論化されてきました。たとえば，「二重拘束のコミュニケーション」「相補的・対称的コミュニケーション」などで，これらのコミュニケーションは関係性のスタイルや特徴をつくり，関係性を理解する理論や関係性を変化させる技法を生み出しました。

　しかし，第二次サイバネティックスの認識論からコミュニケーションについて考えると，まず，コミュニケーションはその場の関係性や文脈を体験している当事者のみしか理解することはできず，観察者が客観的な視点から現実をより正確に観るとか，語ることはできないことになります。その意味で，一つひとつの発言やメッセージは「参加の認識論」（Becvar & Becvar, 2013）であり，それが家族や集団の関係性の問題になります。したがって，たとえば面接の場では，人々が言葉やメッセージの意味を理解するために各自の視点を語り合い，フィードバックすることによって理解を深めると，問題がなくなることになります。つまり，私たちの心理は思考やイメージの不断の変化によって，社会は継続的なコミュニケーションによってつくられることになり，私たちの生きている世界全体は自動的に創られたり，壊されたりしている目的を持たない生態，オートポエーシス（autopoiesis＝自己創出）のプロセスをたどっているという見方も生まれます。識者は，そこには宇宙は有限か無限かという問いが関わっていると述べています。

4．ポストモダニズム・社会構成主義からの問いかけ
——「真実とはなにか」をめぐる支援の認識論

　このような心理支援の認識論の変化は，心理支援の世界だけの現象というより，芸術や哲学，人文科学におけるポストモダニズムあるいは社会構成主義と呼ばれる文化的・思想的動向ということができます。ポストモダニズムとは，モダン＝近代主義を超えようとする立場の主張であり，この思想は，近代科学の前提を疑うところから出発しました。

　産業革命後の科学と知識による啓蒙活動は，理性ある人間の真実，つまり，「世界は認識できる」「ある事実が体系的に研究されるならば，研究成果は一般化できる」「学問は万人にあてはまる客観的事実を追及する」「学問が発見した客観的真実は価値中立的であり，普遍的である」といった考え方に代表される普遍的法則と価値に染まらない知識の発見の可能性への信頼と追求を促してきました。いわば，言語による科学的報告の「真実」が人類の発展につながるという近代科学の認識論あるいは価値観がつくられたといえるでしょう。

　ところが，私たちの現実を観ると，人類は原子力の脅威，環境汚染，経済格差，政治の不公平などの問題に直面しています。近代（モダン）が追求してきた科学の進歩，人間が追求してきた「真実」は，どのように活用されてこの結果を産んでいるのか，私たちは，この問いを人間自身に向けることになりました。つまり，追求してきた「真実」を誰が，どのように理解し，どのような意図で，どのように語り，それがどう理解され，どう対応されてきたか，そしてそのくり返しによる情報処理過程の循環は誰に，どのような形で利用され，社会がつくられているのか，ということが問題になったのです。

　先に述べた情報処理過程の鍵を握るコミュニケーションについて社会構成主義の立場から理解すると，解釈のないデータは存在せず，誰もが自分の色眼鏡でしか現実を観ることができないとすれば，コミュニケーションは「各自のものの見方とそれを語る描写や意味の表現」（言説＝ディスコース＝ discourse と呼ぶ）の相互作用で構成されていくことになります。そして，そこには語り合われる場の状況や語り合う人々の関係性などの文脈的要素が加わって，理解と対応が進むことになります。

　「真実」はそこにあるのかもしれませんが，「真実」を語り，理解しているかを確かめることは誰もできないとすれば，私たちはどこに向かって動けばいいのか，支援とは何をすることなのか，そのような相対主義に陥ってしまうのは危険

ではないか，といった疑問も浮かぶでしょう。また，自らが行う支援の有効性は自分の判断で決められないことはもとより，依拠する支援法の理論・技法の有効性もわからないことになります。ノークロス（Norcross, 2005）は，専門職，実践家の知とは，普遍的，科学的法則に基づいた原理の応用というよりは，目前にいるクライエントとの相互作用の中で創造されていく文脈的知ともいえるものであり，たとえその知が有効な結果をもたらし，次の実践に再適用の可能性を示唆したとしても，厳密に言えば，それが普遍的原理にはならないかもしれないと述べています。だからと言って，実践家は自由に支援をすればいいということにはならず，専門職ができることは，自分が理解し実践している理論・技法の「効果，効率，そして適用の可能性を高める道」を探り続ける必要があります。そのためには，有効だとされる多様なモデルやアプローチを理解し，クライエントや問題に有効な概念や方法を取り入れ，実践の進化に関与し続けることでしょう。ただ，支援の場における私たちのやりとりは「私はこう思いますが，あなたはどう思いますか」とか，「それはどういう意味でしょうか，もっと教えてくださいますか」といったものになるのではないでしょうか。

　支援の場では，支援者の発言（言説）がかかわりの手段だとすれば，発言を抑制する必要はないでしょう。ただ，状況に合った特定の発言が変化をもたらすということです。

　この人間存在のパラドックスは，私たちの生き方，とりわけ心理支援のあり方に大きなパラダイムの変換を迫っていることは言うまでもありません。21世紀は，先に述べた心理療法の理論・技法の統合，実践への多元的アプローチの必要性，協働（コラボレーション＝ co-labor）する実践がますます重要になるでしょう。そして，その延長線上にサビカスのライフデザイン・カウンセリングがあることを覚えておきたいと思います。

第3章

ナラティヴ・アプローチ

国重浩一

1. はじめに

　家族療法の領域においてナラティヴ・アプローチとは，オーストラリアのマイケル・ホワイト Michael White とニュージーランドのデイヴィッド・エプストン David Epston の貢献によって作られた治療的枠組みを意味します。このアプローチが持つ可能性ゆえに，二人の手を超えて，ナラティヴという言葉が使われ始めているのです。本書のテーマであるライフデザイン（キャリア・カウンセリング）の領域でも，いかにナラティヴの概念を使って対人援助を提供できるかについて，検討されるようになっています。本章では，ナラティヴ・アプローチを支えるポスト構造主義と社会構成主義の考え方について概説し，ナラティヴ・アプローチについて説明していきます。

　一般的にナラティヴとは，物語，ストーリー，説話，話術，語り口などといった意味で，英語では日常的に使われる言葉です。対人援助の場面において，私たちは常に何らかのナラティヴ（ストーリー）を聞くと言えるでしょう。そのためナラティヴ・アプローチとは，相手の語りを十分に促すことであると理解されてしまうのは不思議なことではないかもしれません。このアプローチが本人自身について十分に語ってもらうことだけであれば，特別な名称を与えて取り上げる必要はないはずです。

　それでは何が特別なのかというと，このアプローチは単なる技法というものではなく，ポスト構造主義や社会構成主義という哲学的考察を大いに参考にしながら，人間という存在について検討を加えた結果もたらされた治療的姿勢である，ということです。それは，ふだん私たちが当然とみなしている感覚や考え方に疑問を投げかけることにつながります。そして，私たちが自分の普通の感覚に照ら

して良かれと思っている実践に対しても疑問を投げかけます。対人援助を生業とする者として恐ろしいことは，当然とされる感覚から導かれる支援が，助けになるどころか，問題そのものを維持し，強化しているという可能性に気づかずにはいられない，ということなのです。

このアプローチは，単なる技法ではなく，人という存在や私たちを苦しめる問題の存在に対する理解の枠組みを提供しているので，ナラティヴ・アプローチを用いるわれわれのあり方や姿勢に大きな影響を与えます。つまり，このアプローチを身につけていくこととは，この技法を使えるようになる過程ではなく，ナラティヴの思想を体現するようになる過程である，と言い換えてもいいかもしれません。

さて，ナラティヴ・アプローチによる語りとは，単に従来の視点から本人の物語を語ってもらうことではありません。逆に，そのような語りに警戒心を持って見ていきます。なぜならば，ポスト構造主義や社会構成主義の視点を加味すると，従来からの，日常繰り返される会話こそが，問題を作りだし，維持していくと見なすことができるからです。

私たちの周りには言葉が溢れています。日常のやりとりの中で繰り返される会話，さまざまなメディアからの言葉，自分自身の中で果てしなく繰り返される言葉に，私たちは取り囲まれていると言えるでしょう。しかし，ふだんの言葉使いを繰り返しているだけでは，私たちが取り組もうとしている問題のあり方そのものを別の視点から見つめる（脱構築する）ことは難しく，結局問題の手の内に留まってしまうことになるのです。

　　ナラティヴ・アプローチにおける脱構築とは，ジャック・デリダ（Derrida, 1978）やミッシェル・フーコー（Foucault, 1972）のフランス哲学者たちが用いた概念を，心理療法の分野で利用しようとしたものです。それは，人が話す物語がどのように成立しているのか，どのようにその意味を持つようにいたったのかを確認していくということです。そして，そのような位置づけの物語が，どのような力を持っているのかを明らかにすることでもあります。
　　これはどのようにして成し遂げるのかというと，まずは，「隠された意味，隙間や割れ目，矛盾する物語の存在などに耳を澄ませる」（Monk, et al., 1997）のです。それは，その言葉がその意味を持つためには，それが意味しないものを識別できなくてはならないからです（Derrida, 1978）。
　　（国重，2013）

つまり，社会文化的に培われた当然とされるような価値判断や意味づけから離れ，自分自身のことについて，普段とは異なった視点で語ることができるように

なることが必要となってきます。そしてその場においては，自身を含めた風景が，今まで見ていたものとはまったく異なるように見えてきます（White, 2007）。異なる風景の中にある自分という存在について，異なった語りが促されるのです。これをナラティヴ・アプローチでは，「再著述」といいます（White & Epston, 1990; Monk et al., 1997）。その場は，私たちが住む社会文化的な価値観や意味づけに右往左往させられる場所ではありません。自分自身の人となりが豊かに表現され，自分自身が持つ主体性に沿った感覚が生じるようになるのです。

2. 社会文化的な存在としての私たち

　人は，社会文化的な存在です。「生まれて最初に学ぶことは，ダイアローグに参加することです。私たちは関係性に生まれ，その関係性が私たちの構造となります」（Seikkula, 2011）。生まれてからずっと，他者との関係，社会的な価値観，文化的に培われた風習，そこで利用できる言語体系などの中に置かれ，「その中」で私たちは自分の考えや，物事の価値観，表現する方法を身につけてきました。

　その中では，社会文化的に選択され，受け入れられたものだけが，語るべきことであるとされます。つまり，自分が所属する社会文化的な言説（ディスコース）が，私たちのものの考え方，見方，受け取り方，そして，それについての語り方を導いていくのです。

　どの時代においても，支配的な社会文化的視点はけっして中立でも，平等でもありません。それは歴史的変遷を経て，時代特有の偏りを持っているために，人が本来有する多様性を加味することができていないのです。特定の視点や考え方，立場などを支持する一方で，それ以外のものをないがしろにしているというわけです。

　人の悩みの根源を表現する方法はさまざまにあるでしょうし，ひとつの答えが用意できるわけではありません。ところが，対人援助の場で人の悩みや苦悩を聞くときに，そこにあるのは，自分がいかに「ふつう」からずれているということが，繰り返し主要なテーマとしてあがってくることに気づくことは稀ではないでしょう。

　たとえば正社員ではないこと，結婚していないこと，体型のこと，やりがいが見つからないことなど，例としていくらでも挙げられます。要は，自分には「ふつう」の人生にあるべきことが不在であるということが，相談内容としてあがってくるのです。ここで「ふつう」とは，「みんな」が持っていることという意味で考えてもよいでしょう。この「みんな」に統計的な意味合いはなく，漠然と自分

以外の人はみな持っているという感覚なのです。

　自分が「ふつう」ではない，あるいはずれているという感覚は，社会生活を送る上で肩身の狭い思いを作り出します。つまり，その時代を生きる人として不十分な，あるいは何か重要なことが欠損した人として，不全感を持つことになります。このような話を聞くと，その個人にアプローチして，その人の有用感や自己肯定感，そして自信をつける必要性を痛感し，その一個人だけに取り組もうとしたくなります。しかしそれこそが，現代社会の支配的なディスコースからもたらされた方向性だと考えることができます。つまり，それだけに取り組もうとすると，先ほど述べた「私たちが社会文化的な存在」という視点が見事に抜け落ちてしまうことになるのです。

　その感覚を作り出しているのがその人自身だけではないということを，われわれはポスト構造主義や社会構成主義から学び取る必要があります。上のような苦しみや悩みを持っている人でさえ，それでもいいじゃないかと思いたいのですが，それではダメだと，手を変え品を変えながら周りから言われると感じているのです。つまり，その人は周りからそのように思わされているのだという視点を持つ必要がある，ということなのです。

　私たちを苦しませる問題や困難，そして苦しみは，完全に個人の内部で完結しているわけではありません。そうであれば，ことは簡単と言えるでしょう。その人が変わることですべての問題を解決することになるのですから。ところがそれは，私たちが生きる社会文化的な中で作り上げられ，維持されているのです。そうなると，私たちが住む社会文化の中で，日常的に利用可能な表現や語りを用いたままであれば，そこから抜け出すことはできないというロジックが見えてくるでしょう。

　言い方を変えてみましょう。ある問題や困難，苦悩について，語れば語るほど，その存在は当然のこととして感じられ，それがなくならない限りほかに道はないという気持ちが強化されていきます。ウィトゲンシュタインが「事実はただ問題を導くだけであり，解決を導きはしない」（Wittgenstein, 1966, 6.4321 ／邦訳，p.147）と述べたように，問題をめぐる事実について語ることは，その解決を導くことにつながらないのです。

　たとえば，成人となって人を今でも苦しめていることの根源が，親の関わり方にあるのだと考えることは，現代社会においてはたいへん当然なものであると考えられています。この関わり方を，虐待，トラウマ，機能不全家族などと名付け，そのことに取り組もうとします。その取り組みによって，今の苦しみから解放されることにつながって欲しいと願ってのことでしょう。ところが，親の理不尽な

行為，愛情の欠損，親としての技術不足，親自身の問題などを語り続けることによって，そのことがありありとした存在として居続けることになる可能性に思いをめぐらしたことがあるでしょうか。そしてその結果として，苦しみが今自分にあることが当然のことであるということが確信に結びついていくことにならないでしょうか？

　カウンセリングで，ある女性に「そのような親について話すことは，今のあなたの助けになると想像できますでしょうか？」と尋ねると，「そのことについては今までもずっと考えてきましたし，いろいろな人に話をしてきましたので，それを話しても何にも変わらない気がするのです」と話してくれたのを思い出します。

　つまり，私たちが人の問題や困難，苦悩について何らかの違いをもたらすためには，そのことについて語る基盤となるところを変えていく必要があるということです。つまりそのことについて語る社会文化的な枠組みさえ変える必要がある，ということでもあります。ここで，社会文化的な枠組みを変えるという話は，日本全土のことについて考えると途方もなく困難なことに感じられるかもしれませんが，少なくとも相談室の中であれば，それも十分に可能なことです。要はそのことに取り組む必要性を感じ，どのように取り組むべきかについて理解しているか否かなのです。あるいは，同じ変化を望み，それを必要としている人々の集まりの中でも可能なことでしょう。

　場所が変われば，自分を悩ませ続けてきた問題のあり方が一瞬にして変わることがある例を考えてみましょう。私は今ニュージーランドに在住していますが，日本で自分の「太りすぎ」に気が滅入ってしまう人は，こちらに来て，まったく同じ感覚を維持することは難しいはずです。なぜなら，周りは日本人の太りすぎの感覚とは完全にずれているからです。つまり，日本人が「自分は太りすぎだ」とニュージーランド人に伝えたところで，理解してくれないということです。そして，それを問題として理解してくれない，受け取ってくれない，でも自分自身のことは受け入れてくれる環境に囲まれることを想像してみてください。「太りすぎ」が，いつまでも自分の人生に大きな問題として留まることはできないでしょう。

　同様に，正社員，非正社員の職業的な格差があまりないニュージーランドでは，そのことでも日本人のように悩むことにはなりません。

　またナラティヴ・アプローチを吃音で悩んでいる人の対応に活用しているグループ（日本吃音臨床研究会）とのつながりがありますが，同じようにどもる人々と吃音をめぐっての会話によって，それを排除すべき問題としてみなすのではな

く，それと共に生きていくことにつながって行く可能性があることを示しています（国重，2017）。

3．哲学的思考から導かれるもの

　ナラティヴ・アプローチがどのような手法であるのかについて的を射た理解をしていくためには，ポスト構造主義と社会構成主義を大まかにでも理解する必要があります。それは，私たちが日頃慣れ親しんでいる考え方や，感じ方，そしてものの理解の仕方が，その個人特有のものであることを疑うことであり，自分がいかに文化的，社会的，時代的，そして言語的な制約の中に置かれているかということを認識することです。それは，教科書的な知，科学的な知，エビデンスであろうと同じことなのです。

　ところが，そのような理論体系は，完全に統一が取れていない上に，重要な貢献者たちの文章がひときわ難解であるため，なかなか私たちを寄せ付けてくれません。さらに理論が難解ということだけでなく，その人たちの著作はすでに20世紀前半から出版されはじめていたにもかかわらず，いまだにわれわれの日常に根付いていないことをみると，自分自身を自分の認知様式を超えた視点から見ることが，いかに難しいかを示していると思えます。

　それでは，ポスト構造主義と社会構成主義が伝えることはどのようなことなのでしょうか。実は，言葉にすればそれほど難しいことではありません。スティーヴン・マディガン Stephen, Madigan. は，ミッシェル・フーコー Michel, Foucault. の視点を的確に要約していますが，それがこの主義の要点を示しているように思います。「フーコーが一貫して立ち返る原点は，真実は存在しない，ただ真実だとする解釈があるのみ，という考えなのです」（Madigan, 2011 ／邦訳，p.43）。

　内田樹は次のように説明しています。

　　私たちはつねにある時代，ある地域，ある社会集団に属しており，その条件が私たちのものの見方，感じ方，考え方を基本的なところで決定している。だから，私たちは自分が思っているほど，自由に，あるいは主体的にものを見ているわけではない。むしろ私たちは，ほとんどの場合，自分の属する社会集団が受け容れたものだけを選択的に「見せられ」「感じさせられ」「考えさせられている」。そして自分の属する社会集団が無意識的に排除してしまったものは，そもそも私たちの視界に入ることがなく，それゆえ，私たちの感受性に触れることも，私たちの思索の主題となることもない（内田，2002）。

　これから導かれることは，私たちの属する「社会集団が受け入れたもの」が伝える真実は，「真に真実」ではないということです。

　これを，正当と正統という同じ音を持つ2つの言葉の違いについて考えてみるとわかりやすいでしょう。正当なものとは，正しいものです。一方で，正統とは，由緒正しいということで，そこには歴史的な関与があり，長い間あるために尊重されているということです。つまり正統さは，そのことがかならずしも正しいということを示すわけではありません。たとえ道理に合わないことであったとしても，長い間私たちの生活の中にあったので，それを仕方なしに続けているようなこともあります。よって，社会構成主義が主張することは，私たちを取り巻く真実は，正当なものとしてそこにあるのではなく，自らの正統性を主張することによって，自らの真実味をアピールしているに過ぎない，ということなのです。

　ある問題がそこにあるのは正統なものだという主張に対してできることは，その正統性が社会文化的に作り上げられてきた過程を見ることです。つまり，その問題の歴史を探索し，どのようにしてそれがそのような地位につくことになったのか，その過程で何が，あるいは誰が助けてきたのか，そのことは社会文化的に何を，あるいは誰を擁護し，何をないがしろにしてきたのかを見ることができるのです。その過程が明るみに出ることによって，その問題に真摯に，つまり自分の人生をかけて取り組む価値のあるものかどうか，人は判断することができるようになります。

　人を研究する分野において，正常と異常の区別が論点となります。正常とは，あるスケールを用いて測定した結果を正規分布化し，両端に位置しないことを意味します。たとえば，体重に関しては，年齢と性別によって分けられた統計結果から導かれた正規分布が存在し，自分の値が両端のいずれかに位置する場合には，太りすぎかやせすぎとなります。学力も同様で，試験結果によって正規分布（標準偏差）を作成できるので，自分の得点が両端のいずれかに位置する場合，低すぎるあるいは高すぎるとなります。高すぎる場合も，統計上は異常ですが，これには天才・秀才という別のラベルを用意して，社会文化的に意味づけをしているのです。

　フーコーは，現代では社会支配のために暴力的な弾圧政治はあまり行われず，代わりに「正常とする判断基準」や人々を位置づける正規分布など，もっと洗練されたテクノロジーが用いられることを示しました（Winslade & Williams, 2011／邦訳, p.12）。現代社会における興味深い特徴は，圧力がより高い権威者から来るのではなく，もっと普通でありたいという願いを作り上げることによって，人々が自ら社会的な規範に身をゆだねよう，合わせようとすることです。つまり，

「ふつう」あるいは「みんな」がしているからという理由によって，周りが振る舞うこと，周りが持っているものを自ら望んでいくのです。そして，それができないとき，自分は社会の片隅に追いやられているという感覚が生じていくのです。

　柄谷行人は，ヘーゲルを引用し，私たちの欲望について次のように述べています。

　　ヘーゲルは，欲望とは他人の欲望だといっています。つまり，欲望とは他人の承認を得たいという欲望である，ということですね。ここで，欲求と欲望を区別します。たとえば，腹がへって何かを食べたいというのは欲求であり，いいレストランや上等のものを食べたいといういうのは，すでに他人の欲望になっています。…（中略）…実際には，純粋な欲求などは希です。ある極限的な状況で，食物であればなんでもいい，水であればなんでもいいと思うことはありうるでしょうが，そうでなければ，基本的に我々は欲望の中にあるものであり，いいかえれば，すでにそこに他者が介在しているのです。
　　（柄谷，1993, pp.50-51）

　このようなことから見えてくるのは，私たちの考えや何かを欲しいと思う根底に，すでに他者の存在が関わっているということでしょう。

　ポスト構造主義や社会構成主義の領域においては，私たちが語ること（言葉）についても，注意深い考察がなされています。私たちが語る言葉は，どこから来ているのでしょうか？　それは，私という個人が，私自身について知っていることがらを的確に表現するものなのでしょうか？　私たちが口にする自分についての表明は，すでに自分の中にそれがあって，台本を読み上げるように口に出されるのでしょうか？

　私たちが日々話している言葉，表現方法，言い回しなどは，私たちが生きてきた中で学んできたことです。また，そのことが良い，悪い，素晴らしい，いけない，というものの見方も学んできました。そして，どの場面ではどのようなことを，どのように言うべきかという，社会生活を送る上での台本のようなものを蓄積してきたのです。つまり，社会文化的に用意されている言葉や表現を再生産して乗り切る場面であれば，多くの人が，たいへんスムーズに言葉が口から出てくるというわけです。

　たとえば，あいさつから始まり，物事の評価，世界情勢，世の中の憂うべきことなど，多くの人があたかも自分の持論として語るように見えますが，それは本当にその人がゼロから考えたものであるとは言い切れないでしょう。

　論文を書くときには盗用が問題視されます。これは他人の論文をただコピペして，自分の論文に仕上げるようなことです。ポスト構造主義や社会構成主義の領

域から見て言えることは，私たちは常に他人の（以前に培われてきた）言葉を盗用しながら話しているということなのです。つまり，オリジナリティに対する大いなる疑問を呈しているのです。私が書いている文章も，けっして例外ではありません。「この私」がしていることは，私の能力でできる範囲で理解したことを，私の能力でできる範囲で表現しているに過ぎません。オリジナリティに関して言えば，たとえばディスクジョッキーが，手元にある音楽をどの順序でどのタイミングで，みなさんにお聞かせするのかというような点にあるだけでしょう。

　ところが，そのような台本が用意されていない場面に遭遇したとき，私たちは言葉に詰まります。また，自分がいったい何を望み，何を考えているのかについて，本当に向き合おうとするとき，どのように表現して良いものなのか，途方に暮れるのです。

　例を挙げましょう。失恋したとき，そこにある感情は何か一言で表現できるものでしょうか？　当然，悲しいとか裏切られたという言葉はその感情を代表するものとして提示されうるかもしれませんが，そこに伴う枝葉の感情は取り残されてしまいます。多くの場合，カウンセリングの場面で扱う必要があるのは，一言で要約できない部分なのです。つまり，人に悲しいとか裏切られたとだけ伝えただけでは十分に表現できたとは感じられない部分こそが，当事者にとって大切な部分であり，理解して欲しいところであるはずです。ところが，この部分についてこそが，うまく表現できないところなのです。それは，事前に用意した台本で乗り切ることはできないので，本人と一緒に，そのことについて表現する方法を模索し，作り上げていく必要があるのです。

　日本のカウンセリングの教育課程において，共感の言葉を使うことがたいへん重要視されていることを知りました。共感の言葉とは，相手の語りを受けて，そのことに対して要約した感情表現を伝えるということです。つまり「苦しかったですね」とか「たいへんでしたね」と返すことです。私のカウンセリング教育はニュージーランドだけですので，共感の言葉を使うことが日本の社会文化の中でどれほど支配的になっているのか知りませんでした。ところが，日本でナラティヴ・セラピーを伝え始め，機会がある度にライブ・カウンセリングするときに，カウンセラーとしての私の発語の中に共感の言葉がない，ということがたびたびコメントされることがありました。そのことで，共感の言葉がたいへん重要なことであることに気づいたのです。

　人の多様で複雑な心の感情を一言で要約する実践は，人の感情を単一な，つまりは薄い平面的なものとして扱うことにつながるのではないか，という懸念を私は覚えます。もし使うとすれば，先ほど述べたように，そのときの感情を代表す

るような言葉では表現しきれない枝葉について，しっかりと表現を試みたあと，つまりその人の中にある多様性に触れることができた後にすべきでしょう。そうであれば，私が「辛かったときに……」と述べても，相手は私がその人の枝葉を含めて「辛い」という言葉を使っていると感じることができるからです。

ここで示唆されることは，人とのやりとりにおいて，言葉の意味は相手と共有される文脈に依存するということです。枝葉までしっかりと共有された上で発せられる「辛い」は，単なる辞書的意味を超えて，相手と共有されるということなのでしょう。

> 言語における言葉の中立的，辞書的定義は，言葉の共通した特徴を確定し，その言語の話し手すべてがそれぞれ理解し合うことを保証するが，生きた対話のコミュニケーションにおける言葉の使用は，本質的に，常に個人的で文脈的なものである。（中略）言葉は何かを表現するが，その表現された何かはその言葉に内在するものではない（Bakhtin, 1986）。

つまりはカウンセリングという場で，辞書的意味だけで相手の発語を追うのではなく，相手が持ち込む文脈，そしてその場で生まれてくる文脈に沿って言葉の意味を追っていく必要があるということなのです。

一方，相手がよどみなく自分のことについて語るのを聞くとき，可能性として考えてもいいのは，それは過去にも，ほかでも何度も繰り返されたようなものであるということです。何度も何度も，自分の中でリハーサルされ，相手にも語り，再生産されてきました。そのため，語りもうまくなってきているということです。

カウンセリングという場面で気づいておくべき点は，残念なことに，そのような語りをもってしては，本人にとって必要な出口にたどり着くことはなく，同じ語りだけが繰り返されるという可能性があるということです。つまり，支配的となっている社会文化的な価値観や意味づけが組み込まれてしまったような語りとなってしまっているということなのです。カウンセリングで，それをまた再生してもらったところで，同じところにたどり着くことは必至でしょう。

そうではなく，カウンセリングという場面においては，以前に伝えることを試みたこともないので，うまく表現できないため，行きつ戻りつして，しどろもどろになるような語りに，相手を招き入れていく必要があるのです。本人は自分がうまく話せないことに直面するかもしれませんが，そこでこそ，自分についての新しい気づきがもたらされ，新しい可能性が芽生えるのです。そして，その新しい芽生えを実際に聞いてくれる存在（カウンセラー）によって，その新しい芽生えがどのような可能性を秘めているのか，その芽生えはどこから来たのか，その

芽生えはその人にとってどのような意味のあることなのか，そして，そのことにどのように取り組むことができるのか，について語ることができるのです。

　上のような意味において，カウンセリングという場面は，カウンセラーとの共同作業によって，新しい種類の語りが生まれるべきところなのです。

■ 4．カウンセリングの場で話題の方向性

　相談業務という中で，先ほど述べたような性質を持つ，他人の関与からもたらされているものを単に満たすということによって解決を図るのであれば，それは，その問題や苦悩を育んでいる図式の中で動いているに過ぎず，問題そのものの存在のあり方を問うことにはなりません。

　たとえば，よい職場に就職したいという希望を聞いた場合，その職場がよいかどうかは，本来であれば，その人に合っている，やり甲斐を感じる，あるいは，人間関係がよいなどの，その人にとっての善し悪しが問われるべきでしょう。ところが，キャリア選択という場面においては，そのようなことよりも，就職する会社の知名度，上場しているかどうか，給料など，社会文化的な位置づけで決められることが多々あります。そして，往々にして，自分の職業が他者にとってどのように見えるのだろうかという視点もそこに入り込んでいきます。これを「世間体」と言い換えれば，日本人にとってはよりはっきりするのではないでしょうか。

　繰り返しますが，このような社会文化的な判断基準は，時代特有のものであり，歴史的変遷を経て偏りを持っているのです。人が自分の人生を歩んでいく上で，そのようなものにただ合わせながら生きていくことが，その人の充実感や幸せにつながるとはなかなか思えるものではありません。

　これからの人生をどのように歩むかについて語り合う場において，社会文化的な価値観に支配されたような語りに終始してはいけないのです。

　そうではなく，今まで支配的となっている社会文化的な規範が引いたレールをいかに歩もうとしていたのかということから，自分が持っている能力，興味，資質，今までの関係性の中で培ってきた価値観，そして希望や夢についての話題に移行すべきでしょう。それらが実現可能かどうかを私たちはすぐに判断したくなるかもしれませんが，たとえ実現可能とはほど遠くとも，そのような要素はその人が有意義な人生を歩む上で重要な働きをしてくれる可能性があるのです。

　このような語りは，非現実的な職業を望む形で表明されるかもしれません。たとえば，医者になりたい，弁護士になりたい，宇宙飛行士になりたいなどです。

その際に語ってもらうべきことは，その職業がその人にとって何を意味しているのか，何を得られると感じているのか，その職業に就くことが自分の価値観や希望について何を物語っているか，などでしょう。つまり，自分の人生に対するビジョンについて語ってもらうことなのです。

　そして，そのような自分の人生に対するビジョンが提示されてから始めて，それでは実際にどのような勉強，資格，職業，あるいは経験を持つように取り組んでいけるかについて話ができるでしょう。つまりは，相談業務の場で，相手がのっけから伝える希望や意思，結論をそのまま受け取り話を進めるのではなく，そのような表明の後ろにはどのような思い，考え，人生に対するビジョンが潜んでいるのかについて興味を持つということです。

　それは，社会文化的に常識とされるものに留まるのではなく，その時点まで人生を歩んできた中で，その人が価値を見出して，そこに取り組みたいという思いがどのような形で存在するのだろうか，ということなのです。それには，影響を与えた出来事，人びと，経験なども含まれているはずです。これからの人生を歩む計画を考えていくときに，その本人にとって重要なことがらをしっかりと加味できるとき，そこから生まれた方向性に確信と信念を持って取り組んでいける可能性が高まるでしょう。

　また，何からの問題に悩んでいる人との会話において，その問題をいかに解決するかが会話の焦点になるとは限りません。問題に苦しむということは，その人自身が自分の人生に問題を招き入れてしまったのだという，その人が自分自身に向けた不甲斐なさや後悔などが含まれ，そこが会話の焦点となることは珍しいことではありません。つまり，最初から自分がしっかりしていれば，自分がもっとうまくやっていれば，このようなことにはならなかったという思いです。

　このような側面を伝える語りは，その人自身が将来的に問題解決のために取り組むことを妨げ，会話を自責や他責という方向に誘導していきます。そしてそのような会話から導かれる結論は，自分がもっとしっかりすること，または相手が変わることという2つの極論をもたらすしかないでしょう。

　職業選択という場面を想像してください。ある人が自分に適切な職業を選択できない，あるいは就くことができないのは，この2つの極論に行き着くことが多々あるのが見えてくると思います。1つは，今までの努力が足りないために，やりたい仕事に就くことができないこと，あるいは，自分の考えがしっかりしていないために，やりたいことすら見つからないということからもたらされる自責の会話です。もう1つは，この社会のありようがよくないために，あるいは自分の家庭の事情のために，自分が望む職業に就くことができない，などといった他責の

会話です。どちらの会話であろうとも，いくらでも話を続けることができますが，どちらかといえば堂々巡りをするようなものに陥ってしまいます。

　このような話題に入る前に，ナラティヴ・アプローチが提供するものは，その人がどのような人であり，どのようなことを望んでいる存在であるのかについて，支配的な社会文化的規範に照らし合わせて伝えられたものではなく，まったく異なる視点から，自分という存在について語ってもらうことなのです。自分がどのような存在であるのかということを「アイデンティティ」と呼べるでしょう。つまり，ナラティヴ・アプローチでは，その人のアイデンティティに働きかけるのです。

5．ナラティヴ・アプローチの目指す語り

　人について語るときに，学歴，肩書き，収入，未婚・既婚，年齢などといった，ありきたりの要因を提示することで済ましてしまうのは，往々にしてあることです。そのようなありきたりの描写で人を語る場合，その描写はたいへん表面的なものとなり，その人自身の固有の側面が表明されることもありません。社長は社長でしかなく，先生は先生でしかなく，母親は母親でしかないのです。そこから，その人がどのような「人となり」をもっているかなど，わかるわけがありません。

　ところが日常においては，このような薄っぺらな描写で人を判断してしまうことしきりです。ひきこもり，ニート，不登校，うつ病，発達障害，精神病などといったラベルを聞いただけで，相手に対する先入観を作り上げ，そこからいろいろと考えていくのです。この現象はネガティヴな言葉だけに生じることではありません。たとえば，大学教員，医師，会社経営者，公務員などという言葉を聞いただけでも，同じようなことが生じるのは，十分理解できるのではないでしょうか。まだ会ったこともない人をめぐって，いくらでも相手のイメージを作り上げることができるのです。

　ナラティヴ・アプローチでは，このような表現を「薄い描写」といいますが，ここで私たちが目指すのはこれの対極となる「豊かな（厚い）描写」となります。人の人となりを十分に語ってもらう機会をカウンセリングの場で提供するのです。つまりナラティヴ・アプローチとは，その人について，十分にそして豊かに語ってもらうようにするためには，いったい何ができるのだろうか，について常に検討していくということなのです。

　それではどのような語りが，その人となりを十分に語ってもらうこととなるのでしょうか？　それは，自分はどのような存在なのか，どのようなことを大切に

思っているのか，どのような価値観をもって生きているのか，どのように人から大切な影響をうけたのか，どの程度ほかの人に影響を与えることができているのだろうか，などがあげられるでしょう。

　一つの行動や考えをとってみても，そこには，その人の価値観を見出すことができます。人のストーリーを豊かに語ってもらうさいに，単に出来事の羅列や単なる感情の表明ではなく，そこに付随するものが多分にあるのです。それを，マイケル・ホワイト（White, 2007）は，ブルーナー（Bruner, 1986）から引用し，2つの風景というとらえ方をしています。

> 　ブルーナーは，文学評論家であるグレマス Griemas とコルテス Courtes（1976）から大いに借用して，ストーリーは主に2つの風景——「行為の風景」と「意識の風景」から構成されていると提案した。行為の風景とは，ストーリーの「題材」であり，プロットを構成する一連の出来事（スジェート）と基本的テーマ（ファーブラ）である。意識の風景は，「その行為に関わる人びとの知っていること，考えていること，感じていること，ないしは知らないこと，考えていないこと，感じていないこと」からなる（Bruner, 1986, p.14 ／邦訳, p.21）。この風景は，ストーリーの主役たちの意識を取り上げており，行為の風景の出来事への彼らのリフレクションからなることが大きい。
>
> （White, 2007 ／邦訳, p.66-67）

　マイケル・ホワイトは，「意識の風景」を「アイデンティティの風景」としてより発展させようとしました。

　一つの出来事や行動，時には自分の考えについての意識／アイデンティティの風景を描いてもらうことによって，そのことをたいへん豊かに描写することが可能となります。つまり，そこで展開される語りには，今まで自分が歩んで来た歴史と意味の再発見，自分の人生にとって重要な価値観を再認識し，それに貢献してくれた人びとと再びつながること，そして，自分の行動や考えに対する意義を見出すことが含まれていくのです。

　ニュージーランドのナラティヴ・セラピストであるドナルド・マクミニマンは，マイケル・ホワイトに大いにヒントをもらいながら，一つの行動から豊かに語ってもらうためのインタビューフォーマットを作成しています。

> 1）行動には目的があること：「この行動をとった時，あなたの目的は何だったのでしょうか？　そのことを振り返れば，何を得ようとしていたのでしょうか？」
> 2）その目的には希望が伴っていること：「そのことで重要なことは何でしょうか？　あなたの希望とは何でしょうか？」

　3）希望には自分が価値を置いているものが含まれているということ：「そのあなたの希望は，あなたが価値をおくものについて何を物語っているのでしょうか？　なぜそれがあなたにとって重要なのか，私の理解を助けるための話をしてもらえないでしょうか？」

　4）そしてそのような価値や希望は，人生をどのように送るべきかというビジョンにつながっている：「このような価値は，あなたやあなたの大切な人々にとって，人生がどのようなものであるべきかというビジョンとつながっているでしょうか？」

　5）以上のことはけっして個人的なものではなく，人との関係性の中で育まれてきたことである：「あなたがそのようなビジョンを持っていることを誰か知っているでしょうか？　その人たちはどのようにしてそれを知っているのでしょうか？」

　6）そして最後に，このように意識／アイデンティティの風景について語ることは，その人にとってたいへん大きな発見につながっていく。その発見が将来的に何らかの違いをもたらす可能性があるのだ。そして，その可能な違いについて語ることによって気づきが生まれ，それが現実感を作り上げていく：「このことについて話をすることは，いま取り組んでいることに何か違いをもたらすでしょうか？」

　ナラティヴ・アプローチではこれ以外にも，ありふれた立ち位置から外れて自分のことについて，そして取り組んでいる問題について語る手法を発展させています。その代表的なものが外在化する会話です。

6．外在化する会話法

　ポスト構造主義や社会構成主義の概要をこれまで見てきましたが，要は，私たちは外的な要因を受けて日常生活を送っているどころか，私たちの行動や考え方，そして感じ方まで，そのようにさせられてきているということです。すると，私たちの行動や考え，そして感じ方について，「何が」そのようにさせているのだろうかと，問いかけてみることは興味深いことなのです。

　日常の会話の話法は，その行動や考え，感じ方の主体者として話すようになっています。「どうして○○したのか」「どのように感じたのか？」「どうしてそのように感じるのか？」など，その人が自分の行動や感覚様式についての指揮権を全面的に持っているといわんばかりの話し方を私たちはしています。これでは，何か変わった行動を取っていることに対して，責められている気持ちを持つことだって不思議ではありません。

　だいたい，日々の暮らしの中で，いかに自分がしなければいけないことを先送りし，すべきではないことを繰り返しているか，自分の胸に手を当てて話し始めれば，懺悔話となるのは私だけではないでしょう。そのようなモードにおいて，

いくら語ってもらったからといって，何かことが変わって見えるわけではなく，単に自分の頑張りが足りなかったことを再確認し，やはり自分がもっと頑張らないといけない，というような気持ちになって終わるのが関の山です。

マイケル・ホワイトは次のように述べています。

> 個人的失敗という現象は，近年，指数関数的に増大している。人々が，今ほど，適切な人物になり損ねたという感覚を持ちやすかったことはないし，今ほど，それが日常的にいとわず分配されたこともない。今や私は，実践のなかであれ教育のなかであれ，日常的な社会生活のなかであれ，個人的失敗のスペクトル（ここでは，不適切感，無能感，不十分さ，欠損感，および退化などを指す）が（時代や程度はさまざまであれ）人生に大きく浮かび上がるのを経験していない人に出会うのは，とても稀なことになった。
> （White, 2004／邦訳，p.154）

ナラティヴ・アプローチでは，そのようにさせているのは何だろうかと問いかけていくのです。そして，そのことに名称を与え，扱いやすく，語りやすくしていきます。

たとえば，会社に行かなければいけないのに行けない，ということを考えてみましょう。ナラティヴ・アプローチでは，「何があなたに会社に行く足を止めてしまうのでしょうか？」と問いかけることから始めるでしょう。そして，さまざまな要因が語られることになりますが，この一連のことが，いったいその人にどのような影響を与えているのかを描写することができるのです。

「会社に行けないことは，あなたにどんな影響を及ぼしてしまっているのですか？」とさらに続けていきます。人は自分が陥ってしまった状況を目のあたりにして，自分という存在に対して結論を導こうとしてしまいます。当然，それは否定的な傾向を帯びたものとなるでしょう。現代社会では，会社に行けないということは，ただ単に行けないということを意味しません。行けないということは，そのようなことになる人間はどのような人であるのかという，社会文化的な意味合いに照らし合わせて，苦しむことになるのです。

自分が悪いという結論を導いてしまうのであれば，それ以上しっかり考えることもしなくなります。自分が悪いのであれば，解決方法は自分がもっと頑張るということしかありません。

外在化の会話を用いることによって，自分がふがいないとか，情けないというような自責的な会話に終始することなく，外的な要因について語りやすくすることができます。これを十分に語ることによって，今まで「行くことができない」

という問題が漠然としていたために正体不明で恐ろしいものだったのが，たとえ大きかったとしてもその輪郭が見えてくる可能性があります。つまり，自分をそのような状況に陥れている要因がしっかりと表明されるのです。

　そして次の段階は，本人がそのことに対してどのように取り組んできたのかということをしっかりと語ってもらうことです。人は成果のないもの，結果が伴わないものに対する努力に対して，正当な評価をすることはできません。たとえば，今まで息苦しさを乗り越えて，あるいは悪心を乗り越えて，なんとか会社にたどり着いたことを語ってくれることは珍しいことではないのです。ところが，それが評価に値するものであると，私たちが住んでいる社会文化的な規範の中では気づかせてくれないのです。ナラティヴ・アプローチでは，そのことについて，先ほど説明したような質問で，本人の行動の意味をしっかりと承認していくのです。

　「正当または事実・真実と認めること」である認承というプロセスは，一個人でなしえるものではありません。そこには，他者の存在が必要となるのです。他者とは，側近の存在としてカウンセラーがいることになるため，カウンセラーの存在の重要性は，このプロセスにおいて確認されるでしょう。その上に，カウンセラーは，多くの認承してくれる他者をもっと招き入れることもできるというわけです。

　この認承なしには，どうしても自分の努力不足ということに思考が留まってしまう可能性があるのですが，自分の努力に対する正当な評価を得ることができればそれだけ，自分を取り巻く境遇についてより客観的な視点を持てることになります。そして，実際にどのように取り組んでいけるのかについて話し合うことができるようになるというわけです。

　ナラティヴ・アプローチを試してみる気持ちで，「何があなたをそのようにさせているのでしょうか？」「何があなたにそれをするように駆り立てているのですか？」「何があなたをその職業に就かないといけないと言っているのですか？」と聞いてみてください。たぶん相手はしばらく黙り込み，その質問の答えを探すことになります。そして，その質問に応じて，外的な要素としての要因を語ってくれます。

　そのような語りが今までその人がしてきた会話とどの程度異なっているかについて，尋ねてみてください。何度も何度も同じような語りを繰り返しても得られなかったものがあったと報告してくれることは決して希ではありません。

　外在化しながら話を続けることは，容易なことではないので，時に問題の原因などを相手に内在化させて語りかけてしまうところに戻ってしまうこともあるでしょう。そのため，ナラティヴ・アプローチとは，単に知ったから理解したから

といって実践できるようなものではなく，実践していくための練習というものが必要となるものなのです（White, 2007, p.6／邦訳，p.7）。

▌ 7．事例からみるナラティヴ・アプローチの視点

　最後に一つの事例を提供して，ナラティヴ・アプローチではどのような視点を持ってクライエントの話を聞いていくのかについて検討してみましょう。

　以下の事例は，私のナラティヴ・セラピーのワークショップにおいて，参加者から有志を募り，架空の事例を考えてもらったものです[※1]。

　ナラティヴ・アプローチでは，あらかじめ決められた質問に沿ってインタビューを進めることはありません。しかし，ナラティヴ・アプローチを理解していく際に，どのような視点で人の話を聞く可能性があるだろうかということを検討するために，事例を前にして，どのような視点でどのような質問を尋ねることができるか，思いつくだけあげていくことがあります。

　繰り返しますが，これは事前に考えたとおりにカウンセリングを進めるようなものではけっしてありません。しかし，相手に豊かに語ってもらうためには，どのような視点，そしてどのような質問がありうるかということを持ち駒として用意し，カウンセリングに臨むことが，臨床場面の上で助けになるのです。

　それでは，用意してもらった事例を紹介します。

クライエント：大地，21歳，大学2回生
家族構成：父（48歳）会社員，母（45歳）専業主婦，姉（24歳）会社員
来談目的：寝付けない，授業に集中できず，寝てしまう。
相談内容の要旨：父は数年前からギャンブルと女性との付き合いがあり，帰宅は常に深夜になる。クライエントがそれに気づいたのは高校生のころで約4年前である。姉は家庭内のゴタゴタに無関心で，最近アパートに引っ越した。母は父に嫌われたくなくギャンブルも女性問題も知らぬ顔を装い何も言わないが，イライラして息子である自分に愚痴ってくる。一度父に意見をしたことがあるが逆に殴られてしまい言うことを諦めた。
　父が家のお金を持ち出すだけではなく，母のために稼いだ自分のアルバイトの収入まで手を付けている，きっとギャンブルと女性に使っているに違いないと考えている。
　父親の顔を見たくないので学校終了後，居酒屋でアルバイトを続けていて帰宅は

※1：2017年7月8日（土）・9日（日）に東京でおこなわれた「ワークショップ・ふだん使いのナラティヴ・セラピー」で使用した事例です。本事例は，参加者の戸田幹博さん，眞弓悦子さん，御供裕美さんが協力して作成してくれました。ここに感謝いたします。

23時過ぎになる。食事はアルバイト先で済ましているので風呂に入って勉強や就寝しようとするが母が自分の気持ちの憂さを晴らしにくる。話を聞けば考えてしまい眠れなくなる。結果学校での授業中にうとうとして寝てしまい成績も心配になってきた。

　私が母を支えなければ，家が壊れてしまうと考え，父の役割にも就き，隠しながら母にアルバイトの給与の一部を渡している。奨学金も借りているので学費を払うのはギリギリ足りているがこの先を心配している。

　このような家庭状況は恥ずかしいと感じて誰にも話したことはないし学校関係者に知られたくない。全部自分の心の中に閉ざしたままで相談する相手もいない。姉はとうに諦めて家にも戻らない。母を助けなければの思いで何とかこのままいくのではないかと考えている。

　相談員またはカウンセラーとして，このような申し送りを受け取り，実際にこのクライエントと面談することを想像してください。

　対人援助に就くものとしてどのようなことをすべきであると思いつくでしょうか。このような事例を聞くと，私たちの中にすぐさま生じる方向性について，代表的なものを挙げられると思います。たとえば，父親の浮気をやめさせたり，お金を貢ぐことをやめさせるようにクライエントに働きかけること，母親に力をつけさせ，父親と対面できるようにクライエントに働きかけること，姉が家族のことを顧みることができるようクライエントに働きかけることなど，クライエントの力によって周りの人々を変えるという方向性です。

　また，クライエント自身の考え方や身の振り方を変えることによって，より効果的にこの局面を乗り切ってもらうようにする方向性もあるでしょう。いずれにしても，クライエントがもっと努力し，もっと良くなることによってしか，ものごとは良い方向に展開しないということを暗に伝えることになります。

　この方向性で何が置き去りにされるかというと，今までの家族のためにと思う想いの大きさ，それゆえにとってきた努力や行動，置き去りにされてきた自分自身，それでもあきらめないで持っていることができる自分自身の希望や夢，今後の人生についてなどです。そして，人が何らかの関係性に常におかれているということをこの場面で思い起こすのであれば，このクライエントを支えてきたものは何なのかについても思いを馳せることができるでしょう。

　それでは，ナラティヴ・アプローチから考えることができる視点とその視点を話題にするための質問について検討してみましょう。

・今ある家族の状態が以前もずっと同じだったと思い込まない。

　「今，大地さんを『苦しめていること』が家族に入り込む前には，どのような状

態であったのか，少し教えてもらえないでしょうか？」

・今の大地さんの苦しみが，ずっと同じ状態で推移してきたと思い込まない。

「今の状態についてお話をお聞きしてきましたが，『この状態』は時と共にどのように変化してきたのでしょうか？　悪くなることに，『どのような要因』が関係していると思われますか？　または，少しでも良くなるときには，『どのような要因』が関係していると思われますでしょうか？」

補足的な説明となるが，悪くなるときの要因を聞くときにはそれほど気を遣うことはないのだが，良くなるときのことを聞くときには「ちょっとでも」とか「一時的にでも」と付け加えた方がそのときのことを語りやすくなります。

・大地さんの行為に対する正当な評価を認承する。

「少し想像して欲しいのですが，大地さんと同じような状況におかれて，同じように家族を支えようとして来た人のことを知ったとしましょう。その人の努力や行動についてどのような価値を見出すことができますか？　その人に何か伝える機会があるとすれば，なんと言ってあげたいでしょうか？」

「お母さんの話をずっと聞き続けてくれているということですが，お母さんはそのことに対して，どのような価値を見出しているのか，想像がつきますでしょうか？」

・大地さんを支えているものについて思いを馳せる。

「今まで話をお聞きして，いったい何が大地さんを支えているのだろうかと，思っているのですが，思いつく範囲でかまいませんので教えてもらえないでしょうか？」

考え，信念，希望が表明されることもあれば，支えてくれる人の名前が提示されることもあります。いずれにしても何かが表明され，そのことについて，詳細に語ってもらうことを忘れないようにしたいものです

・家族を支えようとする大地さんはいったいどこからきたのだろうか？

「家族を支えようとされている大地さんですが，そのような大地さんに影響をあたえてくれたものや，ひと，出来事があるのですか？」

「今，祖父母が大地さんにとって大切な存在であるとお聞きしましたが，祖父母からもらったもので，今でも大地さんの中に息づいているものはどのようなものなのでしょうか？」

「いったい大地さんは，どうしてこのように家族のために，これほどのことをし続けることができるのか，教えてもらえないでしょうか？」

・問題があることによって，すべての関係性がなくなったと思い込まない。

「家族の状況について教えてもらいましたが，このような状況にもかかわらず，家族との関係性で維持できていることについても少し教えてもらえないでしょうか？」

「お父さんとの関係性において，かろうじてでも残っている部分について教えてもらって良いでしょうか？」

「お母さんと普通の会話するときは，どの程度あるのでしょうか？　お母さんと話す前に，普通の話が待ち構えているのか，愚痴が待ち構えているのかわかるのですか？」

「お姉さんとのことですが，家族の問題については話すことは難しいようですが，それを話さないでよいのであれば，どのようなことを話せる可能性があるのですか？」

・ひとつのことが変われば，他の何かが変わる可能性があることを忘れない。

「お姉さんと家族の問題について以外のことであれば話せると言うことですが，家族の問題以外のことでお姉さんと会話の機会を持っていくことは，大地さんにとってどのような意味がありそうですか？」

「お父さんと話す機会は限られていると言うことですが，すぐに問題を解決できないとなれば，そのような限られた機会をどのように使いたいと思いますか？　それができたとしたら，お父さんと大地さんの関係にどのような変化があると思いますか？」

・大地さん自身の今後の人生についてもしっかりと語ってもらう機会を提供する。

「状況的には厳しいものがあることは話をお聞きしてある程度理解できましたが，それでも，今後の大地さんの人生において，手放したくない夢や希望，あるいは目的というものがあるのでしょうか？」

　ここに挙げたものはほんの一部ですので，このリストにいくらでも追加することができると思います。そうはいっても一人ではなかなかナラティヴ・アプローチからの視点が思いつかないので，最初はグループで取り組んだ方が取り組みやすいでしょう。その際に，実際にどのように尋ねるのか，つまりは具体的な質問のところまで検討するのを忘れないようにしてください。視点を持つことによって，自動的にそのことの尋ね方が生まれてくるわけではありません。

　実際のカウンセリングにおいて，クライエントの概要を本人または他者から受け取って，クライエントと話す機会があるときがあります。ナラティヴ・アプローチを学んでいく際に，私は自分の技量を発展させるために，事前に上のような質問をできるだけ用意して，カウンセリングに望みました。

　たいへん興味深いことに，事前に準備した質問が，用意された形で使われることはほとんどありませんでした。相手と対話していく際に，その方向性は事前に準備したものとはまったく異なるのが普通だということでしょう。しかしながら，クライエントの人生に対して，上のような点に思いを馳せることが，カウンセリングの会話に大いに影響をもたらしていることは常に感じているところです。

　さらに，問題の原因の解明や，問題解決に必要な努力について話すというより

も，上で挙げたようなことがらについての語りが待っていると感じていることは，カウンセラー自身にも大きな違いがあると考えています。つまり，いくら訓練や経験を積んだからといっても辛い話を聞き続けるのは気分が沈むものですが，そのような話の中に，少しでも上のような話を聞く機会があると思えるのは，カウンセリングに臨む姿勢に積極性と好奇心，そして興味がより生じるのではないでしょうか。

▌ 8．おわりに

　自分が提供している会話はどのような会話になっているでしょうか？　その会話は「相談する者と相談を受ける者の双方を，どこに誘っていくのだろうか？」と考えたことがありますか？　支配的となっている社会文化的規範から導かれた目的に向かわされてしまい，たどり着けないことを双方とも嘆き悲しむことに終わってしまってはいないでしょうか？

　不登校に対して登校，休職に対して出社，うつに対して元気など，定番の目標はすでに決められています。問題のテーマを聞いただけで，そこに向かって走り始めたくなります。その目標は，すべての人が到達できる目標なのでしょうか？決まり切ったことに向かうことに対して，何らかの違和感を感じたことはないでしょうか？

　1時間前後のカウンセリングの会話をひとつの短編小説と見立てたとしたら，その小説はそこでどのような変化を提示できたことになるのでしょう？　小説というメタファーが良いのは，小説は必ずしも，問題解決という主題を取るとは限らないからです。肝心なことは，その小説が，その当事者にとって，どのような新しい気づき，新しい語り，新しい意味づけ，新しい可能性を提示できたかどうかという視点で考察できるかです。つまり，相手にどのように語って欲しいのか，ということなのです。「本当の疑問はおそらく，『あなたは患者に何を言わせたいのか？』という問いに最もよく表現されている」（Saunders, 1965／邦訳, p.81）。

　これがどのようなものかについて考え続けること，それについて相手と共に取り組むことが，求められることなのです。この部分は決してマニュアル化されるべきことではないのです。この部分に対する標準化された手順を求めたい気持ちが生じるかもしれませんが，それを得たとたん残念なことに，目前にいる相手を尊重するという姿勢を失うことになるのです。

　私たちは，自分たちに与えられた職務の枠組みに忠実にありたいと願うものです。キャリア・カウンセラーになれば，キャリア（だけ）を扱いたくなります。

その枠を超えたところにいくことをためらうようになります。そのため，それに縛られないためにも，みなに別の枠組を提供する必要があると考えています。それが「ライフデザイン」という言葉を本書で採用した理由のひとつです。その狙いは，自分に提供された職務の枠組みに捉われることなく，真摯に相手の人生，生き方に向き合って欲しいということです。つまり，「ライフデザインだけをする」ということではないということをここに念を押しておきます。

　人生の中で限られた回数であったとしても，世間が望むような会話に流れることなく，その人の興味，関心，能力，希望，価値観について，一緒に語る機会を提供することに，この上ない価値を認めたいのです。

　最後に，マイケル・ホワイトの言葉で本章を締めくくりたいと思います。けっしてわかりやすい文章ではないのですが，この文章がどれだけ身近に感じられるかによって，ナラティヴ・アプローチが自分のものとなってきているかのバロメーターにすることができるかもしれないと考えています。

　　私たち（セラピスト）の役割は，近代的権力のうっかりした共犯者になることなのか？　それとも，日常生活の多様性を提供することなのだろうか？　私たちの役割は，ひとつのストーリーに収束する人生観を促進することなのだろうか？　それとも，人生のオルタナティヴ・ストーリーという感覚における複雑性を生み出すことなのだろうか？　面接室は，既知の身近なことを確認する文脈なのか？　それとも，知り得そうなことに到着する文脈なのだろうか？　それは，見知らぬ異国のものを慣れ親しんだものにする文脈なのか？　それとも，慣れ親しんだものを「見知らぬ異国のものにする」文脈なのだろうか？
　　（White, 2011 ／邦訳，p.41）

第4章

対談：社会構成主義時代の
キャリア・カウンセリング

水野修次郎，国重浩一，平木典子，小澤康司

小澤（司会）　国重先生から今日の対談の口火をお願いします。

国重　基本的に社会構成主義とナラティヴについて，まだ人によって理解が違うし，そこをまだ学んでいない初学者の人たちもたくさんいるので，なぜ社会構成主義が必要なのかをテーマに話すのがいいかなと考えているところです。サビカスの本（『ライフデザイン・カウンセリング・マニュアル』（遠見書房），『サビカス　キャリア・カウンセリング理論』（福村出版））を読みましたが，どういう視点で社会構成主義なのかというところを，私はつかんでいないし，どうしてナラティヴ・セラピーとつながってくるのかというのもわからない。だから誰かが繋げてくれないとわからないことだと思います。また，どうしてこの方向に行く必要があるのかを語ってほしい。「どうしてこっちの方に行かなくちゃ行けないんだ？」という問いの答えを文章ではなく，語り言葉で示せたら，「そうか，じゃあ，やろう！」って伝わるのかなって思うんです。僕は2回読みましたが，そのことなしでサビカスの本を読めと言われても，なんか辛かったです。本当にサビカスがどこを狙っているのかがサビカスの文章からはピンとこない。「ああ，そうだよな〜」という感動的なものがなかったです。なんか言葉のオブラートに包まれていて，必要そうな表現なんだけど，どうして必要なんだというアピール度を僕はもらっていない気がします。それはもう部外漢だからかもしれないんですが。

水野　そこはマニュアルにも書いていないんですよ。21世紀のキャリア・カウンセリングは，本質的に20世紀のカウンセリングとは異なるという社会的な背景を理解してくだいというのがサビカスの最初の問いなんです。

国重　それを語ってほしいわけです。

小澤　そこをやっぱり語らないといけないし，アメリカの必然性と日本における必然性もまた違うと思います。私はそこを語りたいとは思っています。

平木　話が散らかるかもしれませんが，『サビカス　ライフデザイン・カウンセリング・マニュアル』を読んだときから，サビカスの提案している５つの問いに答えられなかったらどうするんだろうという疑問をずっと持ってるんですね。今の歳の私だからなのか，もう少し若ければ疑問に思わないのかもしれないのか。どうなるのですか。

水野　それは全部答えられなくても，１問だけでも OK なんです。最初の設問だけでも課題が設定できて，解答が準備されるわけです。どこの質問から初めてもいいんですよ。１問目でダメなら２問目で，２問目でダメなら３問目で。形としては違う質問をしているけれど，結局は同じことを問うているのです。ライフテーマそのものを聞いているわけで，どの質問も手がかりなんです。

平木　それならどうして，あの５つの手がかりでなければならないのですか。

水野　別に他の手がかりでも構わないのですよ。

小澤　今，水野先生がおっしゃる「構わない」という話が，あの本の中にはないのですよ。だからあの５つの質問に答えられなかったらどうしようと，私も最初は考えました。でも，今回，アメリカで CCI（キャリア構成インタビュー）の研修を受けて，非常に柔軟に使っていることを知りました。たとえば５つの質問じゃなくて，１つのロールモデルだけでもできちゃうことを知ってわかるようになった。でも本を読むだけでは，なぜこの質問なのか，またこれらをどんなふうにポートレートに生かしていけばいいのか，その本質の部分を理解するのは難しいと思います。

水野　それぞれの質問が開発されたのには歴史があって，その歴史をずっと追っかけていくとどうしてこの質問が出来上がったのかというのがよくわかります。ロジャーズも自らのアプローチを何回も改定したと言っていますが，サビカスも 20 年間の積み上げの中で５つの質問に絞り込んでいったわけです。それぞれの質問の背景を理解すれば，サビカスの意図は見えてくると思います。

国重　５つの質問についてですが，その歴史を知っている人は，問いが使えなかった場合，他のバリエーションを使って，プロセスをすすめることを知っているかもしれません。でも，あのマニュアルを読むのが初めてで，歴史を知らない人にとっては，最終形の５つの問いしか提示されないので，そこにこだわりが生じてしまう。捉われが生じるわけです。このアプローチで捉われを何とかしなさいと言いながら，このマニュアルが一種の捉われをつくってしまわないかということ。そこに対して，十分な警告というか，警戒心を持たなくちゃい

けない。今，水野さんに言っていただいたように，非常にバリエーションがあるんだというのを今回の企画の中で示したいわけです。

水野　サビカスは一番最初にディスコースってことを言っています。CCIという型，つまりインタビューのディスコースをつくるためにマニュアルをつくったとマニュアルの最初に書かれています。つまりディスコース，決まった型，がないと学問にならないわけですよ。みんなバラバラにやったら。

国重　そうですね，ディスコースの意味というのは，いわゆる僕らの認知のためのフレームワークなのです。これじゃなくちゃダメだという枠を決めてしまうのもディスコースなので，サビカスがもし社会構成主義としたら，一つのディスコースをやっていればいいということにはならないはずですね。

水野　ただ，それをつくらないと学問が積み上げられないんですよ。

国重　それは学問のためのものであって，いわゆる支援のためのものとはやはり区別しないといけない。支援するためには，学問のためにありきのものを優先するわけにはいかないと思うわけです。

水野　だからマニュアルは一番最初にちゃんと書いてあるんです。ディシプリンド・ディスコースと。学問的基礎のあるディスコースとしてCCIをまず打ち立てるんだと，じゃないとそれぞれの人が勝手にして，バラバラになっちゃうから。

平木　それは納得。ただ書いてあることの意味がわからないですよね。私たちが本書を書く対象というのは，主にキャリア・カウンセラーらの実践家たちですから。

水野　カウンセリングそのものもディスコースというふうに考えた場合，まずディスコースを見て，守破離で敗れるのは別にかまわないんですが，一度たてておかないと学問としてなりたたないですよ。学問は，エビデンスの上に年月をかけて積み上げていくものです。

小澤　学問の基盤としてのディスコースはあるんだけれど，あの本を読んでしまったらそれ以外，どうなるんだろうというところまでそれにハマるというのか，「守破離の守」の中に入り込まざるをえなくなってしまう。今回，オハイオに行ってCCIの研修を受けたときにケビン（・グラービン）が，デモンストレーションやってくれたときに，クライエントがちゃんと答えなかったんですよ(笑)。「うーん。わからない」っということを延々とやり続けた。そのとき，ケビンはナラティヴ的なんですね。そのクライエントの言葉とかを深堀りをしていましたね。ほんとに，考古学のように鉱脈を探して，同じようにやはり一つひとつ丹念に，鉱脈がなかったら次のところからって，ほんとに丹念にやっていくん

ですね。そういうのをやっぱり見てると，これはナラティヴがやはり基盤にあってというふうに見えてくるのですね。でもそれを見るまでは5つの質問に捉われて，カウンセラーがストーリーを立てて，誘導しないといけないみたいな思考に私自身がはまっていた。ですから，そこを抜け出すための方法論や考え方をこの本の中でちゃんと伝えないと，みんな同じことが起きるのではないかという心配を私はしています。

平木　たとえばですが，日本でテレビが普及しだしたのが（1960年の）東京オリンピック以降で，留学していた私は帰国して初めてテレビを観ましたから「どんなテレビ番組を観ていましたか」と言われても，「テレビ観たの24歳だもん」みたいな話で（笑）。「テレビなんか観てませんでした」という人もいるわけでしょう。

水野　そういう場合はどのインターネットに関心あるかと質問すればいいわけです。YouTubeとか。

平木　そうであれば，あの質問は，なんのためにこういう質問をしてるのかがわかる方がいい。私はナラティヴもサビカスも知らない1970年代に大学でカウンセリングしていたとき，「小さいときに何して遊んでいましたか？」ってよく聞いていました。その種の質問が役に立つことは，多くのカウンセラーは知ってると思います。だからよけいにマニュアルを買わなければわからない，というのではなく，手がかりがあるものにしたいと思います。

水野　それは1つひとつの質問の意図からどのように追加質問ができるかという質問の質を高めて質の高い情報，それがケアにつながるような聞き方ができるかどうかです。ただ情報を知るためだけではなくて，クライエントにとって必要な情報をどう引き出させるか，洞察が深まるような追加質問がどうできるかというのがカウンセリングですよ。質問することによって援助するという難しい仕事ですよね。

平木　そこでナラティヴという発想とか，ナラティヴの考え方が生きてくるんだろうなとか思うんですが。

水野　問題の外在化の話や視点を変えるという点ではしょっちゅう出てきますよね。

小澤　CCI研修に行ってわかったのが，向こうではホランド理論を使っているんですね。ホランド理論というのは環境と本人との適性のある種マッチングみたいな考え方なんです。どういう舞台で活動したいかというのを聞き出すには，本からでも手がかりは探せるんだという話なのに，そこを解説するのにホランド理論に当てはめるんですね。それでどうしてホランド理論を使うのかをサビ

カスに質問しました。そしたらあれは共通言語だそうです（笑）。つまりアメリカではホランド理論をみんなが知っている。だから仕事に結び付ける段階のところではホランド理論にした方がわかりやすくなる，だから使っているんだという話でした。本人が持っている内在的なものを外につなげるために，みんなが知ってるホランド理論を活用しただけなんだというのは，聞いて初めてわかった。

水野　私の解釈では，解釈するためにホランド理論を使っているのではなく，その人が作り上げた世界をホランド理論でみている。自分の性格と環境も，結局は社会構成したものであるという視点。表と裏をひっくり返した感じ（笑）で言ってるから，最終的にはマッチング理論と結局同じものになっちゃうんですよね。

国重　だとすれば，ホランド理論を前提としてない日本の人たちに伝えるには，どんな形の方が優しいというか，伝わりやすいと感じますか？

小澤　ホランド理論は日本ではまだ一般化してないと僕も思っています。もしそれがなくてもどういう興味関心をもっていて，それをどういうところで活用したいかというところから直接仕事を引き出すことはできるのではないかと思います。本人がどういうことを望み，何をしたいかというところはナラティヴ的にもっと深堀りをして発想を深めていけば，そこから浮かび上がる可能性はあると思いますね。なぜそれが良いのですか？　どういうところでしたいのですか？　というような質問の形で展開はできそうな気がします。

水野　でも，本人の理解が進んでおらず，解答が準備できてないときにそれやると大変なことになるんで，ホランド理論を使うとツールになって便利なんですよ。

小澤　私が思ったのは別にホランド理論に返さなくても，仕事につなげることはできそうだなということでした。逆にもっと自由に柔軟性をもって使わないと辿り着けないんじゃないかなと思っています。捉われの話もそうだし，全部がちゃんとした答えが引き出せるかというと，引き出せないことも多いと思うんですね。実際にやってみると，質問の答えがスムーズに出ない場合もあるわけですよ。水野先生がおっしゃるようにどうラポールというか，関係性を構築してるかによって，また答えが出てくるか出てこないかという問題もあると思うんですが。

国重　そのときにこの質問がね，ガイドラインとしてあったとして，直接的に答えが引き出せたらよしとするけど，出なかった場合，キャリア・カウンセラーたちはどういう視点で相手の話をちゃんとしっかり聞いてあげるとか，語りを

促してあげる，どういう視点がサビカスの中で求められているのかと思われますか。その視点をもっていたら5つの質問にこだわらないで自分の質問を展開できると思うんですが，一体どんな視点がこの質問に含まれていると考えたらいいのでしょう。

　　ナラティヴ・セラピーにはガイドラインがないので，どういう視点をもつというのがもう少し言語化されていると思うんです。どういうことかと言うと，僕たちは社会的な存在なので，たえず自分との存在を社会の非常に支配的なものに照らし合わせながら理解してしまうということです。そうすると何が起きるかというと，自分はどれだけ社会から要求されていることを満たせるか，満たせないかというそういう基準で自分をとらえる。そして多くの人がそれができないしということで，自分についての語りが常に社会からのニーズを満たすとか，どれだけ苦痛であるとか，どれだけうまくいってないとか，そういうところからの語りがいつもその人の中やその人の周りでも起きている。そこでナラティヴ・セラピーで求められていることは，そういう期待がどう作用しているのかというところを見ていって，いかに自分が社会的な要求に影響を及ぼされているかということを見ていくと，自分は一体何を求めて，どういうことができて，どういうことに興味関心があるかというこが，その後に見えてくるんですね。そこが本人の口から語られるようになると，その人らしさが見えてくる語りが生まれてきます。

　　僕がこのライフデザイン・カウンセリングのプロセスをみると，ナラティヴに近いロジックを汲むことはできるんだけれど，5つの質問というところでブロックがかかってしまうんです。ここに自由度がもらえればナラティヴの側面から語ることも可能だと思ったんですが，これじゃないとダメとなるとう〜んってなるんです（笑）。

水野　そのときはライフデザイン・カウンセリングじゃなくて，ナラティヴ・カウンセリングですということになるのですよね。

国重　アメリカで研修してきた小澤先生のお話をきくと，ライフデザイン・カウンセリングも多分にナラティヴの技術的なところを少しでも理解してないと対応できないんじゃないかと考えるわけです。

小澤　私もそう思います。

平木　ナラティヴのアプローチをある程度身につけているかどうかで，同じ質問をする上でも違うだろうし，その質問をした相手が応えられなかったりしたときに，そこで何を次につなげていくかという意味でも違うでしょうね。

小澤　ナラティヴというのはつまり社会構成主義ですよね。本人の世界のところ

を尊重し，わかっていく。本人が引き出せない部分を，カウンセラーが関わりながらどう引き出していくのか，一緒につくりあげるのかというところですよね。

水野　サビカスの場合は，その人のもっている忌まわしい何回も起きるトラウマ，枕を涙で濡らす原因となる出来事に気づく。そのとき脱構成が始まるわけです。つまり被害者だった自分がそれを克服して，修得（master）して，勝者に変わっていくわけですよね。ストーリーを変えなくてもライフテーマに触れることで，自然に脱構成ができてくるんですよ。オルタナティヴ・ストーリーにしなくてもダ〜っとほぐれて，堅いストーリーが柔らかくなっていく。それが非常にうまくできるので，ある人はサビカス・マジックって言うほどです。

国重　今のお話をきくと対象がいつも，いつも失敗ばかりだとか，いつも，いつも友だちとうまくいかないとか，いつも悪いことを繰り返す人に対しては有効だという話に聞こえてしまう。

水野　そうではないですよ。あくまでもキャリアの転機にある人で人生にズレを経験している人がターゲットです。

国重　そうするとその場合，対象が広くなると思うんですね。その人は別にいつも，いつも同じところで躓いているような人でもないし，勝者に変わらなければいけない人でもないじゃないですか。もう少し一般性のある人ですよね。いわゆる仕事を変わりたいんだとか，卒業するんだという人なので，その意味ではここで話をしていたのと対象としては変わらない気がしたんですけれど。

小澤　1つの事例があります。ある学生が就職を前に自分を変えたいとやって来たんですね。彼の話は自分を主張できないということがテーマでした。詳しく聞くと小さいときの捉われという話になった。親が経済的に苦しい状況があり，お母さんが大変だという話をしてくれた。お母さんからは，もうサンタクロースはいなくて，親が買ってくるんだという話を聞くんですね。一方，妹たちはお父さんとサンタクロースに何をお願いしようかという話をしている。その時から物を欲しがるのはもうやめようと思ってしまった。

　　小学校4年生で引っ越しをすることになった。新しい家は狭いから荷物を整理しなさい，要らないものは捨てなさいと言われた。その子は友だちから貰ったものをすごく大切にして持っていたんだけれど，それを捨てなくてはならず，泣きながら捨てた。そしてこんなに辛い想いをするのだったら，もう物は貰わないようにしようと。この2つのことがあってから物を欲しがらない，自分の意見は主張しないみたいなことを自分の生き方としてやってきて，これまではうまくやってこれたがこれから社会に出るときに，今までのやり方だと多分う

まくやっていけないだろうということで，変わりたいと悩んでいる。

　本人が，今の自分が主張できないことは実は幼少期の出来事から来ていると気付ければ，そこから変わっていくと思うのですね。このようなことはトラウマという言葉ではないけれど，サビカスが言ってるように最初の体験が自分にとって対処できない経験であり，とらわれとして繰り返しているというのは結構あると思います。この捉われを改善していくのがロールモデルで，自分が生きられなかった，本来なりたい自分を憧れの人に投影していて，そこが先に取り上げられて理解できているので，ぱっと成長の視点にもっていけたりすると思います。また，大切にしているモットーが，対処の戦略として布石になっているので，そこからどういうふうにいけばいいのかというのがすごく自然に，あるいはカウンセラーがいなくてもそこが自分の中で芽が出てきているので，なんとなく自分がポジティブに展開しやすくなっているというのが，仕掛としてよくできている感があるんですよね。

水野　自分で気が付く，そういう例はよくありますね。

平木　そうだろうなと想像できますね。その点であのような仕掛，仕掛と言っていいのかわかりませんが，うまくできていて面白いと思う一方で，そうじゃないときとの溝がないようにしたいわけです。

水野　溝はある意味しょうがないですよ。それぞれの理解の中で人生が行われているので，理解を急がず，その中でどう処理できるか，対処できるかが大切なんです。今の学生の話の場合だと，物を欲しがらない，主張しないということですでに対処してるわけですよ。それではうまくいかないと気がついたということは，本人の洞察力があったわけですよね。でも原因と結果という意味のつながりが生まれる人と生まれない人が，やっぱりいます。

国重　その点に関してマイケル・ホワイトがかなり突っ込んで取り組んだケースがあるんですね。頭のいい人じゃないとダメなんじゃないのかっていうのが，突っ込まれたようなんですね。そこでマイケル・ホワイトは，かなり知的な困難を抱えている人に対する症例なんかも出してきて，そこでもできるんだと言っている。それはどういう理論からかというと，レフ・ヴィゴツキー Lev Vygotsky の足場づくりという概念を参考にして，誰でも足場をちゃんとつくってあげたら，その人なりの次のステップがあるんだと言ってるんですね。

　だから僕たちがそこを超える手助けというか，それに付き合ってあげることができるんだという論旨を展開してるんですね。ですから僕としては，この質問には幅があって，自由度があるんだということを使う人に伝えられたら，平木先生が心配するような溝もある程度カウンセラーの技量というか，力で埋め

ることは可能じゃないかなという気がします。

水野　そこには時間軸があって，理解を急がないことが大切です。学びは後から
やってきますから，今なくても後から学びがきた例もいくつかある。急がない
というのが私の主義です。

国重　そうですね。この5つの質問にどれだけ僕たちが縛られるか，それともこ
れを軸に背景にあるものを理解して，そこからある程度自由度とか，時間的な
自由度，いわゆる今日答えられなかったのが学生とか生徒だったら，半年先に
答えることができるという時間もあるだろうし，それからここにある質問では
ないけれど，似たような類似の幅のある物でいいのだというふうに伝えるかで，
ずいぶんモデルの意味するところというか，期待というか，使い続ける居心地，
それらが変わってくるような気がしますね。

小澤　カウンセリングというところで僕が気になっているのは，カウンセリング
がちゃんとわかっていないでこれをやると形だけで聞こうとするような，意味
とか価値とかをどう引き出そうかというよりも，傾聴のテクニックであったり，
言葉さえ引き出せればそれでおしまいみたいな，そういうふうにしてしまうと
全然違ったものになってしまうわけです。ですからやはりナラティヴの深堀り
をきちんとしていくような，あるいは外在化していくようなことも一方ではち
ゃんとできていないと，そこがうまく繋げないのではという気はしています。

水野　クライエントはカウンセラーよりももっと賢いと思います。別にカウンセ
ラーが気張らなくても，クライエントが自己カウンセリングで理解が進んでい
る人もいるから，そこのところはちょっと難しいところです。いわゆるクライ
エントの方が，理解が早いと言う場合もあると思います。

平木　その場合は心配いらないですよね。心配するのはどっちかというとそうじ
ゃない方です。私はナラティヴやカウンセリングもよくわかってない人が，こ
のマニュアルとか，サビカスの本を読んでこうすればいいんだというふうに思
ったときに，躓くであろうことを本書では言っておきたいと思うのです。たと
えば，サビカスを読んだら，次はナラティヴ・セラピーを学ぶとよい，という
ふうに。

水野　援助技術を伝えることで十分対応できるんじゃないでしょうか。つまりカ
ウンセラーの意図，クライエントを援助する意図が明確にあるのか，それとも
情報を与えることにあるのか，何を意図して発言してるかということですよね。

平木　援助技術さえあればサビカスにのっかっても大丈夫ということですか?!

国重　平木さんのこの質問には何かしら想定しているものがある気がするんで
す。ですからご自身の問いにご自身で答えるとしたらどうですか?

平木　カウンセラーの態度と言われればそれまでだと思うんですけれど，たとえば私はナラティヴを知ったことによって問いかけるときの姿勢や意図が変わったと思っています。その私がクライエントである相手に細やかに寄り添っていけるときに，相手に対していい問いかけができる気がします。逆に頓狂な言葉でも，その人に繋がれる言葉というのもあって，そういう言葉は探した方がいい。そういうことってナラティヴで刺激を受けて，意識し始めましたね。

　自分がわかった気にならないというか，その人じゃないとわからないことを，どうこちらがわかろうとするかという感じです。なんだろう，ロジャーズの共感的理解しか知らない人は，そういうことをしないと思うんです。個人をどういうふうに理解するかということについて，ナラティヴを大切にする人たちは，自分は無知なんだ，相手の専門家は相手だ，と言います。また，無知だってわかってるけれど，どこまで無知なのかわかっていない。カウンセラーを育てていて思うことは，共感的にきちんと相手を理解しなさいと言えば言うほど，逆に早くわかった気になっちゃう人が出てくる。わかっていないことをわかることが大切で，ナラティヴにはそういう視野というか，視点があるように感じるんですよ。

国重　今の平木さんの話を受けて，僕が話せるとすれば，北欧のトム・アンデルセン Tom Andersen の話かな。トムはハロルド・グーリシャン Harold Goolshian の話をいつも引用するんです。「人って話し続けなければ，自分のことは理解できないんだって。話して初めて意味がそこに生じる」って言うんですね。人の話を聞くって，実は話す側もあらかじめ用意していたことを言ってない。言った瞬間，その人も自分のその言葉を聞いて，ああ自分ってこんなことを思っていたのかもしれないって気づく。つまり，その時点で実は生まれたてホヤホヤなんです。だからその話をあたかもその人の最終意見のように聴いてしまったら絶対ダメなんです。話す人からふわっと出てきたもの，それを丁寧に，今何て言ったんだろうかとか，それってどういう意味があるんだろうかとか，丁寧に一緒に育んでいかないといけない。そうするとそこであるのは，言ってる本人も自分が言ってることの意味を探索することができるわけです。ということはカウンセラーは絶対その人より前を歩いて行けないわけで，付いていくしかない。でも本人は1人では行けないので，カウンセラーがやっぱり隣について，何が今見えたのとか，これがあるから次どこに行けるんだろうとか，そこで何か励ましというか，一緒に旅してもらう人になると思うんですね。そこを平木さんは「細やか」という表現をされましたけれど，そこにつながる気がするんだと思うんですね。本人が話して，本人が思ってるって言うけど，実はそ

こでほんとに新しい意味が生まれていると思うわけです。多分，ああ，自分ってこうなのかって。そこで発見があるし，気づきがあるし，それをベースとした場合，将来の意味づけや可能性だとか，やりたいことだとかが，絶対違ったようにその時点で見えてくるわけですよね。そこがやはり社会構成主義的なアプローチの醍醐味です。だから意味は決まってない。意味は一緒につくられるだんということです。

水野　共構成されるというやつですね。

国重　はい。そういう意味で，本人もその時点で非常にワクワクしてくるし，勇気づけられるし，語りもどんどんこういうこともできるかもしれないって思っていく。そこまでいくとこっち側も楽しくなるようなプロセスだと思うんですが，それをどうやって聞くかっていうのが大切です。「どう思われますか？　どういう意味ですか？」って聞いて，「こうです」って相手が答えたときに，「ああ，そういう意味なんですね」まるって言葉を閉じてしまった場合，そこで意味を育むとか，ストーリーを育むのが終わってしまうと思うんです。そうすると将来にもつながらなくなる。そういう意味の細やかさだと，僕は理解した気がします。

小澤　そういう仕事は，経験の浅いカウンセラーにできることですか？　多分，平木先生の心配は経験の少ないセラピストがナラティヴを勉強して使ってみるというのは，やっぱり危険というか，難しくて，今まで勉強してきたことが全部壊される可能性があるということではないでしょうか。それはナラティヴ・セラピーが日本に導入されたときにかなり議論になりました。20年くらい前に関西のある先生が自分のお弟子さんにナラティヴ・セラピーの勉強をさせた。みんな面白い，面白いって勉強したけれど，すごいセラピーが下手になった。要するにクライエントがどんどんドロップアウトしたりしてうまくいかなくなった。どう考えてもその勉強がおかしかったり，時期尚早だったに違いないと思って，結局ナラティヴの勉強はやめて，元の勉強に戻ったという話があるんです。きっとそういうことがキャリア・コンサルタントの世界でも今後起きる可能性がすごくあると思うんです。だから，たとえばニュージーランドでは，そういうことを予防するために，どんなトレーニングをしているのかを聞きたいです。

国重　まず大学院で教えています。そのレベルで教えているというのが1つ大切な点です。もう1つの違いとして，日本にもってくるときになんというのかな，今回似たようなことにもつながるんですが，実際やっているのを見てとか，習った人が教えたことがないとか，いわゆる本だけでやろうとしたというのがも

のすごく難しかった点だと思うんです。本だけでやろうとしたとき，実は初期のナラティヴの文献とか読みましたけれど，読んだと言ってもわかった範囲で理解しただけです。いわゆる適当なところで日本の外在化に結び付けてやったりしたので，実態として実際に見てないところでやっていたというのが非常に大きい気がしています。実際ニュージーランドでなんだかんだ言いながらカウンセリングを直接みたことは大きかった。こんな感じなのか，言葉の意味をこのように確認するのか，こういう質問をするのかと。本の言葉と実際に使われる言葉のマッチングをある程度取りながら進んでいくというのが一番安全なやり方だと思うんですね。ナラティヴもサビカスもそうですが，本の中の文章と実際何をするのかということを繋げることを示してあげないと，多分初期のナラティヴになってしまう。それは危険性として持っていなくてはいけない。本書は逐語録も載せていく方法ですので，そこのマッチングのところを常に僕たちは意識してあげないといけないと思うところです。

　僕もスーパービジョンなどを提供していますが，かなりのケースでみんな急ぎます。一つのところにちゃんとゆっくりではなくて，トントンと次に行きたがるんですね。トントンっていくと一つひとつの語りが薄くなる，語りが浅いので，そこでの意味をしっかり理解しないし，語っている本人も十分に鑑賞できないので，次に進めないということになってしまう。そこでやはり必要なのは，これもあれもということではなくて，しっかりとゆっくりとでも付き合っていくこと。なんというのかな，本だと着実にプロセスが進行するので，専門家は常に焦らされると思うんですね。だからそういった意味で危険性が生じるのはどっちかというと専門職の焦りがあるからではないでしょうか。そこに危険性を感じます。ですから伝えなくちゃいけないこととして，一つのことをちゃんとしっかり聞いてあげましょう，ゆっくり行きましょうというメッセージは重要だって思っています。

小澤　国重さんのおっしゃったこと，私自身がそうだったなと思って聞いていました。マイケル・ホワイトの本を読んで，外在化はこういうもんだと勝手に理解して，外在化のワークとか作成してるんですよ。でもそれは自分がもっているカウンセリングのディスコースに合わせて理解しているので，単なる技法を取り入れていて，自分のカウンセリング・ディスコースに合ったように使っていたんですね。ところが今回，サビカスはそれができなかったですね。あまりにも難解すぎて（笑）。そこを理解するためには今までの自分の知識の体系の中ではちょっと扱えないというところに気がつきました。そして，やっぱり社会構成主義とは何かとか，ナラティヴとは何かというのをしっかり学んでいっ

たときに今までの自分のディスコースがガラガラと崩れていく感じがありました。やっぱり今までの理解では足りなかったし，本質をちゃんとわからないとこれは使えないのだなというところで，試行錯誤しながらだんだんと自分の中では腑に落ちてきてるところがあります。だから自分のもっている知識体系に単なるテクニックとして取り込んでしまうと問題が起きそうな気が，私の中でもあるのです。

水野　ライフデザインには，今お話しされたことは，1つの事実としてあるんですが，もう1つの事実もあるんですね。ケアされていない小さなストーリーがいくつかあって，それがそろってみるとそれぞれが自然に体系をなしてきてマクロ・ストーリーが生まれることもあります。1つひとつに触れなくても，関係のないような話の塊からライフテーマが見えてくることが。

小澤　それもありますね。

国重　僕もそれはあると思います。本として出すってことは，やっぱり本の文章って限界があるので不安や心配は変わらず出てくると思うんですよ。これで全て大丈夫だという本を作ることはできないだろうと。これは本の宿命ですね。そこで小澤さんが何をされようとしてるかというと，実際に何人もキャリア・カウンセラーをアメリカに連れて行って，研修を受けて実際に見てきている。またナラティヴの方の研修も，日本キャリア開発研究センターで定期的にやっていただいているのです。そこで何を期待してるかというと，実際にやって見せるところまでもっていきたいわけです。小澤さんは，本もあるけれど実際の場面も提示するところまでを狙ってその危険性や誤解を，「ああこういうものだ」ということで伝えていくことを目指されていると思うんですね。僕もそれを目指すべきだと思っています。

小澤　おっしゃる通りで，サビカスとの3つの約束もありますが，日本の文化において自分たち，日本人がちゃんとそれをやってるというところまで仕上げるのが今回の水野先生の目的でもあるし，そのために16人のカウンセラーがCCIの研修を受講しに行ってきたというのもあります。やはり知識だけでは伝えきれない，理解できていないものをちゃんとどう広げていくかというのは，本当にこういった議論をしながら輪を広げていく方がいいのじゃないかと思ってます。

水野　ケアとしてのライフデザイン・カウンセリングを完成させることが必要です。また，ライフデザイン・カウンセリングは，こういう型，ディスコース，だというのを見せることです。両方の意図がないとケアはできません。ですから片方の意図だけを強調しちゃうとまずいと思うんです。たとえばナラティヴ

では，マイケル・ホワイトのナラティヴもあれば，他の人のナラティヴもあって，いろいろな繋がりの中でナラティヴというやり方がだんだんつくりあげられてきたという歴史があるわけです。The Narative ——これしかないというナラティヴはありません。

平木　その通りですね。

水野　これってのはないけれど，ナラティヴというものはあるわけです。

国重　そうですね。そのときに僕はやはり本書に，このプロジェクトに期待するのは，ナラティヴの二の轍を踏まない（笑）ということです。あの本（『ライフデザイン・カウンセリング・マニュアル』）を読んだ限りだと，あれはナラティヴと同じルートを通るのではと懸念してしまう。ですから今言ったような形が必要だと思うんです。ナラティヴの本とか読んでると，これは単なるテクニックではありません，といろいろな人が書いています。実際僕も書いたりするんですが，みんなそこは飛ばしてしまう。うまくいったところだけを理想としてやろうとしてしまう。

水野　それはロジャーズをみても，どのカウンセリングを見ても，最初からうまくいくわけではなくて，苦労して苦労して鉱脈に辿りつくわけで，それは誰でも一緒ですよ。

平木　一緒でもいいので，とりわけナラティヴの技法は，理念が研ぎ澄まされたものだといったことを述べておきたい。

国重　うまくいかないという表現ではなくて，この形式にのらなかったケースをいかにケビンが四苦八苦しながら乗り越えたかということを平木さんは載せたいということですよね。「昔好きなキャラクターいましたか」と質問して，「いませんでした」と答えが返ってきたときにどうやってケビンが乗り切ろうとしたのかを，四苦八苦したけれど結局出ませんでしたも含めて示したいということだと思うんです。

平木　そういう事例がほしいです。

水野　CCI では情報を聞き出すと共に，主体的な人間が環境との交渉を通して活動しているかというのがものすごく重要なんですよね。

小澤　今，水野先生が話されていることが，このマニュアル（『ライフデザイン・カウンセリング・マニュアル』）からは読み取れないということだと思うんですよね。だから今，この座談会を通してそれをなんとか伝えたいし，埋め合わせしようと思ってるんだけれど，どうすればもっとうまくいきますかね。

水野　これはやっぱりスーパービジョンをして，トレーニングを続けていかなければサビカスの真似はできるはずはないですから，その人のレベルでやってい

くよりしょうがないですよ。平木先生が懸念するちゃんとできているかどうかということと，同時にクライエントを傷つけていないかどうか，ケアができているかどうか。その部分をどう補えるか，そっちの方が大きな課題です。

平木　そうですね，これはもう一つ大きな課題ですよね。

水野　聞いてることの内容が深いだけに，ケアができてないことがあるんですよね。

平木　初心者は水野さんみたいにいろんなことがわかってないだけに，どうするんだろう，特に最後の質問と全体の結びのところで，心配が出てきます。

水野　サビカスの情報の中で，情報を集めることをインタビューと言ってるから，その情報を聞き出して集めることに一生懸命になっちゃって，クライエントをケアすることを忘れちゃうんですよ。これはサビカスの欠点だと思うんですが，マニュアルをつくるときに，ケアという文言をいれていない（笑）。アセスメントと書いてあるだけでなんです。

小澤　今回 CCI の研修で，幼少期の思い出を扱うというところで，困難だけではなくトラウマになってる場合にどう扱うかについて質問したら，キャリア・カウンセリングはカウンセリングだと。だからもしそういう問題が出てきたら，それはカウンセリングに切り替えるのだと言ってました。そして，それができなかったら幼少期の質問はやらない方がいいと言っていました。つまり，アメリカではカウンセラー教育を受けていて，マスターレベルの資格を持ってる人たちがこのキャリア・カウンセリングをするという前提があって，そこも解った上でやっているんだけれど，我々はそこの認識がズレていた。

平木　キャリア・カウンセリングはこういう形で，サビカスのようにそれぞれの領域で時代に合ったプロジェクトを企画し，実行する人たちを育てていることに，積極的な関心をもっています。私が本書に書いているウィリアムソン Williamson, E. G. が 1960 年代にすでに言っています。当時のアメリカのキャリア・カウンセリングは，サビカスの言う vocational counseling の時代ですが，来談者はどの職業に就くのかというテーマを中心に，いろんな問題をもってくる。その中には，心理的外傷体験や心理的苦悩をもつ人もいれば，誰も全ての能力をオールラウンドに身に着けて成長していないという意味では，発達支援もある。対人関係が下手な人，能力の発達に凸凹がある人など，大きなつまずきになる人もいます。それは，将来，自分がどう生きていくのかというキャリアの問題にもつながると言うのです。そして目の前の来談者には，なにが必要か，どこから始めるか考えよう，それがカウンセリングだ，と言っていました。日本のカウンセリングはそのようにはなっていないのでは……？

水野　カウンセリングは必ず行動に変化を生じる，それを目的としているわけです。そういう意味ではカウンセリングってもっともっと能動的な働きかけということになるから，理解できているかどうかというのは難しくて大きな問題ですよね。

平木　そういうことがない日本のカウンセリングの世界で，心配はあります。だからといってすべてをカバーできるわけではないから，どこかで基本を補いながらやっていくことなんだろうなとは思います。その点で，ライフデザイン・カウンセリングを，ここではナラティヴを含めて紹介したいし，日本の状況をベースに見据えて本をつくっていきたい。

水野　ライフデザイン・カウンセリングは今までのキャリア・カウンセリング全てを置き換えるものではないんです。結局一つの代替方法として提供されるものなんです。キャリア・ガイダンスも必要だし，キャリア教育も必要だと，もちろんマッチングも必要な場合があるだろうと。それと一緒に並行してその一つとして置いてくださいというのをサビカスも言っているし，全部置き換えるようなものの言い方はやめた方がいいと思うんですよね。それはいつも思ってることです。

平木　もちろん，置き換えるような言い方には反対です。ただ，21世紀に向ってどんな視点が必要かということは伝えたいです。ある意味，すごく難しいことをやろうとしてると思うんですけれど（笑）。

水野　グローバル化していくし，第4次産業革命とも言われている。ただ人間の動きってグローバル化すればするほどローカル化もするんですよ。逆の運動をする。だから21世紀って言えば言うほどいわゆる保守主義的な生涯雇用のパターンというのは逆に出てくる可能性もある。たえずそれを頭に入れておきながらその両方を包括していかないといけない。片方だけで社会はできあがってないので，片方を強調し過ぎるのは怖いんですよね。両方に視点を持つべきだと思いますね。

▌ まとめ

小澤　これだけは伝えたいというのをそれぞれ一言ずつお願いします。

水野　私はもう言っちゃいました。最後に付け加えたいけれど（笑）。

国重　ここでテーマにしようとしていることは，人の人生に関わることをキャリア・カウンセラー，キャリアコンサルタントという人がやろうとしているということだと思うんですね。それを単なるその場の仕事のマッチングだとか，た

だの適性としてあなたはこうですよって，当てはめるだけではダメなんだというメッセージを伝えることが，まず第一にあるのではないかと思うんです。多分，この本って答えを出す本ではなくて，これに関わる職業人全てにちゃんと考えようよというメッセージを送る本だと思うんです。人の人生に関わることってどういうことだろうかとか，人の職業を含めた人の人生をどういう形で私たちは関われるんだろうかとか。職業集団として検討していかなくちゃいけないというメッセージをもったプロジェクトじゃないかと思うんですね。それは１人ひとりが考えるものであり，職業集団としても考えるものだと思います。これってきっと答えが出ない。それは社会もどんどん変わっていくし，たえず動いていくので。だけどそこの検討を止めた時点で多分仕事が非常に形式化するし，マニュアル化する。僕はそこが非常に心配で不安を抱く。ですからメッセージとしてはこういうものを通して，人の人生に関わるって一体どういうことなんだろうかと，それってものすごく大切なことなんだということを伝えたい一方で，それは非常に重要なことで，たえず問い続け，ディスカッションし続けなくちゃいけない，考え続けなくちゃならないことなんだということ，それは多分その人の職業を越えてテーマとしてもっと広い範囲で考えないといけない。ここで求めてることってものすごく大きいことだと感じます。だけど誰しもが取り組めるし，始められるし，考えられるということを，今回の本を通して伝えたいなと思っています。

小澤　私は今，大学でキャリア教育にも取り組んでいるのですが，これから生きようとする次の世代はもっと，もっと変化する中を生きていかないと行けないだろうし，そこでは自分のアイデンティティなり，人生のデザインという視点をしっかりもってないと路頭に迷っていくんではないか。周りの価値観の中でみんなと同じように生きていくことを今も良しと思ってるし，大学もそういう教育をしている。でもいざ社会に出ると，実はそういうことではない。もっと多様なクライシスがいっぱい待ってる。そこを乗り越えていくだけの力を育てるにはやっぱりこのライフ，人生というものをデザインすること。それは単にお金を稼ぐとか，そういうことだけではなくて，人生の意味・価値を自分でつくっていくということがとても大事なことだと思っていて，それを具現化してくれているのがこのライフデザイン・カウンセリングであり，あるいはナラティヴの考え方かなというふうに思っているのですね。そういうことをもっと，問題を抱えた人だけじゃなくて，これから問題を抱えるかもしれない人たちにも，もっと伝えていきたいなと思いますね。

平木　私は，このライフデザイン・カウンセリングという考え方が秘めている可

能性というか大切なものは，それぞれの人が生きた時代と場で，それぞれが持っている人生のテーマを探り続ける支援をカウンセラ—がどのような姿勢と態度とスキルで行うか。人生のいろんな歩みを見据えていくところ，そしてライフデザイン・カウンセリングの5つの問いかけに，とても共感を持ちます。人間は単に方法とか知識や課題とかで生きているのではなくて，自分と社会にとっての意味とのつながりで，人生のテーマを考えることができるということを前提に，援けることを考えませんか，と伝えたいですね。

小澤　ありがとうございました。

第5章

日本でのライフデザイン・カウンセリングの進め方

水野修次郎

この章では，ライフデザイン・カウンセリングを日本という文脈に入れた場合，この理論をどのように実践に移せるかを論じます。さらに，著者（水野）からいくつかの提案をします。

1．プロセスとしてのライフデザイン・カウンセリング

サビカス博士のライフデザイン・カウンセリングをキャリア構成インタビュー（CCI）と呼びます。

CCI の特色は，2つあります。

①クライエントのライフキャリアに継続性と一貫性のある意味づけをする支援ができる。
②クライエントのアイデンティティ・ストーリーに適合した人生を実現する支援ができる。

CCI は，個人のライフストーリーを語ることでキャリアを構成する，脱構成する，再構成する，共構成するという4つの連続するカウンセリングプロセス（図1）として説明できます。

〈中核となる要素〉

まず，カウンセリングの関係性を構築する必要があります。基本は，基盤となる安全な環境を設定することが必要です。安全という意味は，個人のプライバシ

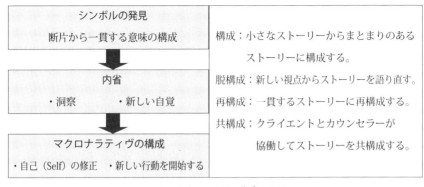

図1　カウンセリングプロセス

ーを保証する空間，批判や勝手な価値判断がない関係性が構築されていることで
す。話す内容がクライエントの許可なく，他者に漏れては安全とはいえません。
守秘義務についての説明が必要でしょう。カウンセリングは，信頼関係に基盤が
あります。カウンセラーやコンサルタントの資格についての説明や，何をするの
か，クライエントの役割は何かなどを説明して，専門職の関係性を構築します。
カウンセリングで大切なのは純粋なケアの表明です。クライエントがケアされた
という経験が信頼関係を強めます。

　次に，大切な中核となる要素は内省です。内省はリフレクションのことですが，
サビカスはこれをリフレクシビティ（reflexivity）と表現しています。つまり，新
しい視点を得て，新しいストーリーを構成し，実際に変化するための行動を起こ
すという意味があります。

┃ 2．理論の成熟

　サビカス博士のCCIを実施するためには，理論とそのスキルを学ぶことが必須
です。しかし，学びは，知識としてだけでなく納得し成熟した学びである必要が
あります。成熟とは，人には個々の違いがあることを理解して，複雑な現象をそ
のまま受け入れて，納得できないことを納得できていないこととして受け入れる，
心の広さが必要という意味です。理論ですべての人間活動を明快に理解しようと
するのは，まるで大きなナタで現象を切りまくるようなものです。理論を実際に
応用する場合は，その理論がカウンセラーの人間性に統合されて，柔軟で広がり
のあるものに成熟する必要があります。心から信じていないことを実施しても効
果は上がらないことはよくあります。カウンセラーは，自分の価値観と理論が一

致していることを感じ取ることが純粋性となり，信頼を強めます。

　理論は，カウンセラーとクライエントの関係性，共揺れ，共感，共成熟，共成長については，特別な章を割り当てて説明してくれません。人間の現実に介入するとなると，理論の理解だけではできません。別の学問が必要です。それがカウンセリング学なのです。理論は，本を読めば理解できます。しかし，カウンセリングスキルは本を読んでも実践できません。ましてや，他者との関係性を理解するとなると，本だけでは学べません。実際のモデルやスーパービジョンが必要な理由もここにあります。さらに，キャリア構成理論は，さまざまな文化の違いの中で応用されます。日本の文化には，その特色があります。日本文化の特色は，CCIの5つの質問やデータの収集の仕方で解説します。

3．質問の具体的な方法

〈導入の質問〉

　さて，基本的な信頼関係の構築を終えて，導入の質問に入ります。導入の質問は，「私はどのようにお役に立てますか？」です。「どのような援助ができますか？」ではなくて「お役に立てますか？」と問います。クライエントはカウンセリングの場に来ているという意味では，解決の糸口を見つけようと努力し始めていることでもあります。その意味では，クライエントとカウンセラーがクライエントの課題を解決するために協働してとりかかるという態度を表明します。日本のクライエントは，協働した自己内省の作業を進めるというよりは，権威者からの賢いアドバイスを高く評価する傾向があります。権威を尊重してもらうことは，カウンセラーとしては気持ちのいいことなので，甘い誘惑となるので注意します。面接の冒頭から，クライエントの自律・自立を促し，クライエントは自己の人生を決める責任があるということを示唆します。

　転機とは，心理的な危機の状態にクライエントがいることを意味しています。クライエントは，このままでのやり方では解決できない課題に直面しています。このような状態にいると，クライエントは，今までの人生を振り返り，満たされていないニーズについて語ります（Bridges, 2004）。

　キャリア・カウンセリングという目的で来たクライエントは，将来の指標を見つけたい気持ちや現在の混乱について語ります。ここで大切なことをいくつか書きましょう。

　・目標は，なるべく具体的に面接で取り扱えるようにする。

・あまりにも不明瞭な場合は，多少具体的な言葉に言い換えてみる。
・否定的，破壊的に表現されている場合は，多少建設的に書き換える。
・ライフテーマは，面接中に何回も話し合うので，冒頭であまり時間をかけなくても
　よい。

いくつか代表的なスキルを紹介します。

・明確化「もう少し私が理解できるように……を説明していただけますか？」
・明確化「未来の指針が欲しいということでしたが，もう少し具体的に説明してもら
　えますか？」
・要約「私は……と理解しました。そうでしょうか？」要約をしたら，それでいいか
　確認をする。
・質問「どうしていいかわからなくなったということですが，将来の指針を見つけた
　いということでしょうか？」
・身体言語に注目「なんとかします，と明るく話していらっしゃいますが，ため息が
　気になるのですが？」
・涙「何か強い思いがあるようですが，よろしければお話しいただけますか？」
・一般化されたストレス「いつでも，だれでも？　それはどういうことですか？」
・メタファー「人生は航海なようなもので，海図なき海をいくとお考えですね」（ク
　ライエントの使った表現に適合する表現を選ぶ）
・ニーズ「まだ終わっていないように聞こえます。すべきことが残っていますか？」

　冒頭の質問で，この面接で何をするのかという契約を結びます。クライエント
の期待を具体的に特定することが，この段階の目的です。注意は，ここであまり
詳しく話の内容に入る必要はありません。クライエントは，繰り返し課題につい
て話すので，冒頭の質問は，面接の途中でいつでも繰り返し確認ができます。こ
こで，契約というのは，紙面で署名をするという特定の契約という意味よりは，
クライエントのニーズを特定し，それについてカウンセリングを進めるという約
束のことです。
　冒頭の質問で以下を確認します。

・信頼関係の確立
・目標の設定
・カウンセリングの進め方の説明
・カウンセラーとクライエントの役割の確認

ライフデザイン・カウンセリングの特色は，クライエントが新しい視点を得て

いつものストーリーを再び語り直して，新しいストーリーとして構成するプロセスにあります。ところが，クライエントによっては，いつもの同じ古いストーリーを何回も繰り返す場合があります。これでは，かえって問題を強めてしまいます。ストーリーになっていない強い感情だけを吐き出す場合は，ある程度のカタルシスにはなりますが，洞察を得たわけではありません。また，空虚なストーリーを語る場合は，無力感を強めてしまい，カウンセラーもクライエントも共に絶望することにもなります。

　冒頭で課題を確認した後に，5つの質問の最初になる質問1をします。

質問1 「3歳から6歳までにどのような人にあこがれ，尊敬していましたか？ その人について話していただけますか？」

　この質問でクライエントの自己構成，自己概念を記述する形容詞を特定します。3人のロールモデルについて語ってもらいます。

　3歳から6歳までの子どものころのロールモデルとは，普通は自分のモデルとなる人のことで具体的な目標となる人のことです。日本人にはロールモデルという表現がピタリとはまりません。そこで，「あこがれる」とか，自分にとって「特別な存在だった人」「好きだった人」のように表現に工夫をします。英語ではadmire を使います。この英語の意味は，尊敬して好き，という意味です。

　この質問で注意することは以下です。

- ロールモデルは，ドラマの主人公，あるいはアニメのキャラクターのこともあります。
- 自己に統合されている人格モデルを特定する。
- 親は選ぶことができないが，自分のモデルはクライエントが人生で最初に選んだモデルとなるキャラクターです。
- ロールモデルの選択は職業選択に関係します。
- ロールモデルが何をするかよりは，どのように形容するかに関心がある。
- ロールモデルは，実在する人でもいいしアニメやドラマの登場人物でもよい。
- 両親をロールモデルに選ぶことは，日本の文化では多い。両親について語る場合は愛着が語られる場合もあるので注意する。
- ロールモデルが思い浮かばない場合は，小学校低学年，あるいは青年期に選んだヒーローでもよい。
- クライエントにとって，いいなと思った人物あるいはドラマの主人公，なんとなく気になる人，などとその人にとってピタリとはまる表現を探す必要がある場合もある。
- 「あなたの好きだった人」というように質問することもできる。

　ロールモデルは，クライエントのパーソナリティを表現していることにもなります。多くは，「そのような人になりたいと思っているが，実は違います」と言うが，方向性については大きな気づきが生じることが多いのです。

　まれに，何も思い浮かばない人がいますが，その場合は，この質問を飛ばしても構いません。この質問は，クライエントのパーソナリティをアセスメントすることにあります。その場合は，パーソナリティをアセスメントできる他の方法もあります。たとえば，GATB（一般職業適性検査），VRT（職業レディネス・テスト），VPI職業興味検査などが使えます。

　この質問の利点は，新しい視点や気づき，見落としていた視点を得られることにあります。心理テストだけでは，いつもの何回も繰り返していた古びた自己像の再現に終わることがあるので注意したいところです。この質問の目的は，クライエントが生き生きとした主人公としての自分の人生を生きている実感を得るのが目的です。

　質問をして情報を得るだけがカウンセリングの目的ではありません。クライエントは語りながら自己アイデンティティを構成しているので，語りを豊かにする促進が大切になります。したがって，時には次のように介入することがあります。

・「この主人公は，まさに今のあなたですね」
・「それって，あなたのことを言っていませんか？」
・「あなたの課題を，ロールモデルならばどのように解決しますか？」

　ロールモデルのパーソナリティは，クライエントに意図的に取り入れられています。他にもさまざまなモデルがいたにもかかわらず，意図的に選んでいると言えます。

　普通，キャリア・カウンセリングは「あなたの人柄を説明してください」「自分のことについて語ってください」と質問します。このような質問にすぐに答えることは難しい場合が多いでしょう。筆者の経験では，多くの人は比較的容易に人生のロールモデルについては説明することができます。

　この質問で大切なことは，モデルのパーソナリティを特定するとともに，そのモデルの行動がどのような動詞によって表現されるかに注目しましょう。たとえば，飛び出す，留まる，行く，去る，動く，逃げる，戦う，やりすごすなどがあります。このような動詞は，クライエントが意図的に選んだ行動ともいえます。この動詞は，質問5の幼少期の思い出で，トラウマ体験にどのように対処したかが，同じような動詞を使って繰り返し表現されます。

質問2「どのような雑誌をいつも読んでいますか？ いつも見ているテレビ番組はありますか？」

　クライエントの興味関心は，この興味関心質問によってアセスメントすることができます。紙面テストと同じようなアセスメントが，この質問に返答することで可能です。この質問によって，クライエントの職業環境に対する興味を特定することができます。この質問で注意することは以下です。

- 3冊の雑誌とそのテーマおよび内容を確認する。
- 雑誌名だけで興味関心を判断すると間違えることがある。例「ニューズウィーク」の場合，一般のニュースではなくて「科学的な記事」に興味がある。
- 特に記事に興味関心があるか特定する。
- カウンセラーが認識する興味とクライエントの興味が異なることがある。

　ここで，役に立つのがホランド理論です。ホランドは，6つのパーソナリティタイプと6つの職業環境モデルとのマッチング理論を打ち立てています。ホランド・コードのタイプや環境の頭文字（RIASEC）によると6つのパーソナリティタイプと環境モデルの特徴は以下です。

現実的タイプ (Realistic)	有言実行の人
研究的タイプ (Investigative)	考える人
芸術的タイプ (Artistic)	創造する人
社会的タイプ (Social)	援助する人，教える人
企業的タイプ (Enterprising)	リーダーで経営する人で説得する人
慣習的タイプ (Conventional)	チームの構成員でビジネスや管理する人

6つの環境モデルと職業

現実的環境 (Realistic)	運動選手，電車運転手，電気技師
研究的環境 (Investigative)	科学者，医師，研究者
芸術的環境 (Artistic)	俳優，工業デザイナー，芸術家，表現者
社会的環境 (Social)	保育士，看護師，教師，カウンセラー
企業的環境 (Enterprising)	経営者，ツアーコンダクター，政治家
慣習的環境 (Conventional)	簿記事務員，公務員，税理士

　興味関心は，主役のキャラクターのまわりに置く人や物などの舞台設定のことでもあります。

　この質問で注意することは以下です。

・雑誌もテレビも思い浮かばない人がいる。
・その場合は「たとえば飛行機や電車の待ち時間が20分あるとするとどのように過ごしますか？　近くの売店，本屋さんなどで，どこに行きますか？」と問う。
・「インターネットではどのようなサイトに興味がありますか？」
・「ニュースならば，どのニュースに関心がありますか？」
・どのようなYouTubeに興味がありますか？
・テレビ番組などで興味あるものは？
・たとえば，ファッションとか，料理とか，スポーツとかなどを探求することもできます。
注意すること。
・ここでは，主役がどのような舞台設定をするかを探求します。
・舞台に置くもの，背景，周りの人々の役割は？
・あなたと舞台の人との関係は？
・舞台の上の人は，どのようなことをしていますか？
・その舞台の上で，あなたは何をしようとしていますか。
・アセスメントのポイントは，ホランド・コードで考えることが有益でしょう。この舞台は，RIASECのどれに当てはまるか？
・仕事で舞台設定がうまく行かない場合は，趣味やボランティアで興味を実現してる場合もあります。

　興味関心が特定できない場合は，中高時代にどのような科目が好きだったかを問うこともできます。

質問3「今現在，本や映画など（テレビ番組，ドラマ，アニメなど）で好きなストーリーは何ですか？　そのストーリーを教えてください」

　好きなストーリーによって，転機に対処するストラテジーが表明されています。ここで注意が必要なのは，新しい環境に適応できるようなストーリーに好みが変化することがあることです。したがって，「今，現在」を強調します。過去に好きだったストーリーは別のものである可能性があります。また，将来，違うストーリーが好きになることもあります。また，さまざまな時期に好きだった台本に共通するストーリーが見いだされることもあります。
　新しい職場環境，ライフステージに合わせて台本は改定されていきます。ストーリーには，プロットがあります。プロットとは，筋立てで，因果律を示唆します。つまり，ある原因があって，この結果を生じるという推定です。ストーリー

は，さまざまな小さな出来事を一定の因果律で結びます。

この質問で注意することは以下です。

- ポートレート作成の時に重要な役割があります。現在のストラテジーが示されているので詳しく聞き取ります。
- 少なくても4〜5文章からなるまとまりのあるパラグラフが望ましいです。
- 子どものころ好きだったストーリーを語る場合は，それが現在も好きなのか，あるいはどのように変化したかを問います。
- ストーリーは，台本なので，その台本に従ってアクターである主人公が演じることになります。
- 舞台の設定や登場人物の関係は？
- 主人公が主体的に行動するか？　著作者となっているか？
- 破壊的なシナリオになっていないか？
-「もしあなたのヒーローやロールモデルがこの筋書に沿って演じるならばどのような結果になるでしょうか？」と問います。
-「あなたがこの台本に従って課題を解決するとなると，どのような対策が可能でしょうか？」と問います。

質問4「あなたの大好きな名言・格言は何ですか？」

この質問では，転機に直面している自分に与える最高のアドバイスは何かを探求する目的があります。子どものころから何回も自分に言い聞かせてきた言い回しがあるでしょう。これが自然治癒となってクライエントを今まで支えてきた言葉です。

注意することは以下です。

- 自分を支えてきた言葉は，必ずしも自覚していない場合もある。
- どうしても見つからない場合は，その場で考えてもらうことができる。
- 格言などのようにきちんと表現されていない場合もある。
- 文章になっている場合も，単なる単語である場合もある。
- 2つ以上ある人もいる。その場合は，格言に共通する意味を考える。2つが対立する場合は文脈も考える。
- 格言の意味によっては，その人を制限していることもある。例「決してあきらめない」。あきらめないことで，柔軟な転換ができない。
- 親やその他の人から与えられた格言の場合は，それがどのような意味があるかを質問する。
- 好きな格言をクライエントに繰り返し伝えることで，その意味を強化する。
- 好きな格言は，クライエントを支えてきた資源である。

格言がどのような文脈で使われてきたのか，どのような特定の意味があるのかを質問するといい。カウンセラーが思っている意味と必ずしも一致しない。キャリアや人生は，言葉で構成されて，それが意味のある一貫するストーリーとなる。その意味で，好きな格言がピタリとストーリーにはまることを経験すると，格言の役割が理解できる。クライエントは，語りながら意味を生成するので，カウンセラーとクライエントは協働して意味の探求をすると効果が高いでしょう。

質問5「幼いころの思い出は，何でしょうか？　3歳から6歳までに起きた3つのエピソードについて話していただけますか？」

幼いころの思い出には，感情的な真実が含まれています。クライエントは，語りながら，意味を著作するとも言えます。最初に語り始める幼いころの思い出は，クライエントがこの世に生まれて初めての情緒的体験，多くは失敗やトラウマが語られます。この最初の情緒体験がクライエントの捉われ（preoccupation）となると理解できます。

ここで，注意することは以下です。

・情緒体験が強いので，体験された内容に注目が集まりますが，それよりもクライエントが体験から取り入れた抽象的な意味に注目します。体験したマイクロ・ナラティヴを新聞の記事にして，そのストーリーに表題をつけることが重要となります。表題によって，クライエントの体験が象徴されるのです。
・強い感情のみの体験もあるが，その体験に言葉を与えることが重要となる。
・たとえば，その場面をスナップショットで撮って，それに題名をつけることもできる。
・思い出せないこと，思いつかないこともある。その場合は，
　　a．クライエントが転機の状態にない。
　　b．安全性が確保できていない。
　　c．信頼関係に問題がある。
　　d．解離状態といって，忘れている。
　　e．何らかの事情がある。など
・時間をおいて次のセッションで思いだすこともある。
・グループ活動などでは，他の参加者の話に刺激されて思いだすこともある。マニュアルによると，3つのエピソードの順番に注目します。1番目の話は，トラウマが多い。2番目の話はその精緻化されたもの，3番目に話でトラウマに何らかの方法で対処している話が聞けることが多いです。
・心の傷を開くことになる場合があるので注意する。ケアを忘れずにすること。

心の傷をどう扱うかとまどうカウンセラーは，この質問をしなくてもよいでし

ょう。冒頭の質問でクライエントの課題を明確にします。課題とは，人生テーマを自分のものとして，それを乗り越える，つまり自己の人生の課題を修得（master）しようという方向性と理解できます。修得するとは，課題を自分のものとして取り組み，ポジティブな意味に転換することです。

　さらに，冒頭での質問で出された課題の中に，クライエントのライフテーマが埋め込まれていることがあります。たとえば，

・大切な人を守りたいというライフテーマが，他者の援助する専門職につながる。
・感情表現できない自分から，役者になって感情の表現をするというライフテーマとなる。
・子どものころ納屋や押し入れに閉じ込められていた経験から，自由になりたい，縛られたくないというライフテーマに転換される。
・家庭の犠牲になっていた体験から，くやしさを乗り越える能力を得たいと望み，それが人生の意味に転換されて，改革の運動家になる。

　ライフテーマは，人生の根底に存在する気になること，すなわち捉われを基盤にしています。その弱さをマスターする（克服する，転換する，修得する）ことで構成されます。つまり，子どものころから何回も涙で枕を濡らした経験が，その人の強みや職業となっています。これがサビカスのいう捉われ（preoccupation），いわば職業以前の苦痛が，職業（occupation）になることです。受け身的に苦しんでいるトラウマがライフテーマになるには，苦しみや痛みがマスターされてライフテーマに転換される必要があります。つまり，トラウマの犠牲者から人生の勝利者（from victim to victor）になるという意味の転換です。

　さらに，これらの人生テーマをポジティブな意味に転換してくれるのが，ロールモデルです（actor）。主人公がどのような演技をするかは，台本によって決まります（author）。人生のステージ上にいる人たちや環境は，どのように設定されているでしょうか（agent）？　そして，ロールモデルの資源となる自己に与える忠告は何でしょうか（advice）。自己予言によって未来を語ります。幼年期の思い出に埋め込まれた捉われが自己予言となります。

4．ライフポートレートの再構成

　カウンセラーは，次のセッションまでに，最初の面接で得られた材料を使ってクライエントのライフポートレートを作成します。ライフポートレートの作成には，断片的に語られていた小さなストーリーを大きなマクロストーリーとして構

成するという目的があります。人生のポートレートを文章で書き綴ることで，一貫するテーマによって統合された人生が言葉として語られます。ライフポートレートを作成する目的は，いつもの古びた何回もくり返しているストーリーではなくて，新しい視点や洞察のあるストーリーを他者が理解できるように語るストーリーです。この時，以下に注意します。

- ・プロットがあること。ストーリーの流れに因果関係があること。ストーリーになるためには，意味が展開する必要があります。「～なので～になる」。
- ・整合性と一貫性があること。心にストンと落ちる納得感が大切です。
- ・重要なテーマが強められていること。人生に一貫する生きる意味は，特別です。クライアントの人生に一貫する黄金の糸，などの目立つ色合いがあると，デザインに特色が出ます。
- ・クライアントのキャラクターアークが生き生きと描かれていること。人生のどの段階でも主人公である作者は特有なキャラクターを持って登場します。キャラクターは置かれた舞台でその特色を発揮します。例として，映画のハリーポッターの作品8本すべてに，ハリーが登場します。幼いハリー，思春期のハリー，どのハリーもハリーの性格が舞台に影響を与えています。このように，登場人物（キャラクター）のたどる軌跡をキャラクターアークと呼びます。
- ・ネガティブでなく，肯定的に表現されていること。どのようなネガティブな体験にもポジティブな意味が隠されています。リフレーミングとは，事実をポジティブな意味で書き換えることです。
- ・価値判断や分析ではないこと。クライアントの言葉を骨組みにして構成します。クライアントが使わなかった言葉を付け加えると，クライアントは受け入れないものです。場合によっては「そうではなくて，～という意味です」とクライアントが訂正してくれます。
- ・簡潔であること。あまりにも長文になると勢いを失います。ストーリーは複雑であっても，ライフテーマを生き生きと簡潔に示し，クライアントのキャラクターが主人公として活動するストーリーを語ることで，自己の人生を一貫する意味に構成する作業です。

　ライフポートレートは，『ライフデザイン・カウンセリング・マニュアル』によると以下の7つの課題に答えることによって作文できます。

第1の課題：視点のフレーム

　幼少期の思い出で最初に使った動詞（動く，逃げる，走る，探る，留まる，試す，考える，やる，など）は，現在の社会の中での動作を意味します。幼いころの思い出と現在の課題に共通性があります。クライアントは，課題を自分の選んだ動詞を使って対処します。幼いころの思い出の3つのエピソードに付けられた

「見出し」は，クライエントにとっての主要な記憶です。それが捉われとなっています。捉われには，ネガティブな意味があります。多くのクライエントはストーリーの中に，課題に対する解決方法を示唆します。カウンセラーの仕事は，課題の中でヒントとして暗に示されている解決方法を拡大してクライエントに再提示することです。また，捉われは，後に社会環境から取り入れたロールモデルによって解決されます。さらに，現在好きなストーリーが未来のシナリオを示唆します。

　注意したいのは，捉われの詳細ではなくて，それが象徴する意味と，クライエントの意味の取り入れです。次がいくつかの例です。

・現在の課題は「自己を表現すること」。子どものころ「嫌」という言葉の意味がわからなかった。現在は，気持ちをどのように表現するかの専門家になりたい。つまり，舞台女優になることがその解決方法である。
・現在の課題は，「からまった複雑な人間関係を解決したい」。この人の選んだ動詞は，「それで何のよ」と言い切り，「先に進む」である。
・現在の課題は，「逃げないで取り組み続けること」。この人の選んだ動詞は，逃げること。逃げることを動き続けることと読み替えて，課題に取り組む。

第2の課題：自己を説明する

　形容詞を使って，現在の問題と未来の問題を関連付ける。ロールモデルは，現在の自己を語り，未来の自分を語る。ロールモデルはクライエントの中核となる人格特性となり，成長するために必要な人格特性である。ロールモデルを一貫したアイデンティティとして合体させて，融合させて語る。ロールモデルは，キャラクターアークとなり，クライエントの過去の幕，これから開く幕のすべての舞台に登場します。生き生きと活動するように主役の人柄を構成します。これが次の課題へと展開します。捉われやトラウマをマスターして，つまり克服する，修得する，などと別の意味に転換して，自分をどのように再構成するかが課題です。

第3の課題：クライエントの特性，成長の問題解決を記述する

　ロールモデルが問題を解決してくれます。クライエントの幼児期の思い出とロールモデルの共通性を指摘することができます。クライエントのパーソナリティ特性が生き生きと描かれて，問題の解決者として表現される必要があります。クライエントの視点と捉われが転機のストーリーの中で中心的なテーマとして浮上します。クライエントの変遷を語るのに，どのように同じであったか，どのように変化したかを生き生きと活動する主体として描くといいでしょう。例として，

恐れに対して勇気で応答，孤独に対して社交性を発揮する，混沌に対して秩序を構成する，受動的だったのが能動的になる，などがあります。

第4の課題

　ポートレートで記述するのは，興味を持つこと，働きたいと望む場所，かかわりたい人，取り組みたい問題，どのような手順で取り組むかなどです。人生の舞台の設定をするために，主人公の周りにいる人，存在する場所，どのような問題にかかわるのか，どのような方法で対処するのか，などを描写するとストーリーが生き生きとしてきます。この課題はホランド・コード（RIASEC）によって説明可能です。カウンセラーは，クライエントの語るストーリーを聞き取りながら，ホランド・コードの説明を補助にして考えます。

第5の課題：役割の台本。社会的役割の中でアイデンティティを定義する

　ストーリーはレンズとして自分のストーリーをスクリーンに映し出す。そのストーリーの中に人や舞台を入れ込む。ストーリーの中に，自分が進むにふさわしい道が示される。もしかしたら，それはクライエントが暗に知っているガイドラインかもしれない。冒頭の質問「どのようにお役に立てますか？」の暗示がこのストーリーラインに埋め込まれている。

第6の課題：自分に与える最高のアドバイス

　名言・格言を書き込みます。
　「自分のための最良のアドバイスは＿＿＿＿＿＿である」
　自分に与えるアドバイスは，クライエントが課題に直面する際に，過去に何回も使っているので，カウンセラーの役割は格言の意味を強めることでもあります。好きな格言は，クライエントにとって心の資源となります。いくつか例を示します。

- 「山が動かないなら，自分が動く」。この人の課題は，会社が自分のために何もしてくれないことです。自分で動くことで対処することにしました。
- 「人生万事塞翁が馬」。この人の課題は，出来事があるたびに落ち込んだり，喜んだりと気持ちの激しい変化にどのように対応するかです。一喜一憂しないことが対策になります。
- 「一瞬先は闇」。この人の課題は，未来に希望の持てないことです。暗闇だからこそ，光が見えることに気が付きました。

第7の課題

　ポートレートを一貫するものとして編集する。注意することは，主体的に行動する人間として描くこと。生き生きとしたテーマとキャラクターアークを強調すること。人生そのものに語らせる工夫をする。新しい視点があること。内的に一貫していること。ライフテーマが全体の文節を統合して，一つのまとまりのあるライフポートレートが作成できます。人生の意味やテーマが浮き出ると，クライエントにとっては大きな力となります。

5．第2セッションの課題——共構成

　第2セッションで以上作成したポートレートをクライエントに読み上げる。その後，クライエントの反応や応答を受け止めて，共にポートレートを改訂する作業をします。その作業中に，クライエントの身体的な反応に注目してください。

- ・サイレンス
- ・涙
- ・ため息
- ・強い感情的な反応
- ・大きく目を開く
- ・手を固く握り占める
- ・体を動かす，など

　改訂作業を進めることで，カウンセラーはクライエントのポートレートを共有して，観衆としての役割を果たしています。「私だけのポートレート」が他人に理解されるように表明されて，その意味は自己理解から他者と共有する理解に広がっていきます。最初は，自己語りをして，私が私（myself）に語っていたストーリーが，他者であるカウンセラーに語る（you）ストーリーとなり，やがて，私たちのストーリー（we）に変化して，ストーリーが完結します。つまり，ストーリーが私たちの共通言語として理解できるように変化します。言葉で表現されるように構成されたものになるのです（White, 2007）。個人のストーリーは，生命のある人格のあるカウンセラーが観衆となって聞き取られることで，理解できるストーリーとして構成されます。個人は語りながら，あいまいなぼんやりとしたストーリーを明確にするために，理解を選んで構成していきます。つまり，語ることによって，同時にストーリーを作文していることにもなります。

　第2セッションを終結する前に，確認が残っています。冒頭の質問で面接の契

約をしました。その契約が完了したかどうかの確認をします。クライエントに再び冒頭の質問をします。「私はどのようにお役に立ちますか？」「どのようなお役に立てましたか？」課題は達成できたでしょうか。答えが「はい」ならば，次の第3セッションの行動化に進みます。カウンセラーは，気づきを行動に移行することができたかを確認するために，1カ月後に面接を約束することもできます。

　答えが「いいえ」ならば，次回のセッションで，続いて自己構成の試みを続けます。クライエントによっては，依頼心が強い，あるいは愛着が不安的なので，長期でのカウンセリング，あるいはサポートを続けて欲しい人もいるでしょう。キャリア・カウンセリングの目的は，クライエントの自律した人生の確立です。その意味では，そのような場合には，カウンセラーは，別のカウンセリングの課題として「愛着」「依存」「自律」を扱うカウンセリングに移行する必要があるでしょう。

　第2セッションの終わりには，クライエントの大好きな名言・格言を繰り返して伝えます。ドアのところまで送り，そこで格言を再び伝えて，何かが起きるようにさせる示唆ができます。

6．第3セッションの課題——行動を起こす

　第2セッションを終了するころになると，多くのクライエントはすでに何らかの行動を起こしています。その理由は，台本の改訂や自己アイデンティティの再構成が進んだことにあります。従来のガイダンス理論でいうところのレディネスの準備は整っていることになります。第3セッションの目標は，以下の3点あります。

・ライフテーマによって浮き彫りにされた人生の意図を行動に移す。
・人生テーマを強化する。
・焦点は，行動，思考，感情の面での変化を起こすこと。

　行動化の理論とスキルは，以下の行動理論や学習理論が使えます。一般に行動主義カウンセリングのプロセスを説明します。ここでの説明は，カウンセリングでは，クララ・ヒル著『ヘルピング・スキル』を参考にします。ヒル博士 Hill, C. E. は，2016年に日本カウンセリング学会50周年に来日してワークショップを実施しました。

　ヒル援助論の特色は，探求段階，洞察段階，行動段階，とヘルピングを３段階にしました。ここでは，行動段階を取り出して行動に移すステップをキャリア・カウンセリングとして解説します。

課題１：行動を起こすステップマネージメント

　ステップ１：問題を特定します。
　ステップ２：行動を探求します。
　ステップ３：過去の試みの査定をする。クライエントは，過去にどのような解決の方法をしたのか探求します。
　ステップ４：変化する決意を具体的なものにします。
　ステップ５：選択肢をブレーンストーミングします。
　ステップ６：どの選択肢を選ぶかを決めます。
　ステップ７：選択肢の可能性を探求します。決心することに課題がある場合は，決心のしかたをコーチングします。
　ステップ８：セッション外でどのような宿題が必要か決めます。資料を読む，探す，インターネットにアクセスする，訪問する，実際に現場の人と話してみる，インターンシップをするなどから選択します。
　ステップ９：進捗チェックと宿題の修正をします。

課題２：行動に起こすために必要なスキル

　行動を起こすには，スキルが必要です。スキルが不足すればガイダンスやトレーニング，コーチングが必要になります。
　①情報を集めて，情報を吟味するスキル
　カウンセラーは，必要があれば情報を提示します。できれば，クライエントが自分で情報を集めることができるのが望ましいのです。情報を集めるスキル訓練が必要な場合は，訓練や教育をします。
　②フィードバックスキル
　カウンセラーは，適切なフィードバックスキルが必要です。その選択でいいのかを確認するためのフィードバック，行動化の動機を強化するフィードバックがあります。フィードバックする際には，簡潔で要点が明確，行動に焦点があり，暗に人格的なことを示唆したものでないこと，適切な量で，圧倒させるものでないことが大切なポイントです。

課題３：目標設定

・肯定的な目標にすること。否定的な表現である「孤独にならない」ではなくて同じ意味を肯定的に表現した「本当にやりたいことをする」と目標をポジティブに表現

し直します。
・目標は，自分でできること，具体的なもの，適切で達成できたことが確認できることにすること。
・目標を達成できる資源やオプションがあること。
・「この目標が達成されると人生はどのようなものになるか？」と問うことも必要です。達成されることの影響をアセスメントする必要がある場合があります。家族やその他のクライエントを取り囲む環境との整合性をアセスメントします。
・現在の心配ごとがどの程度軽減されるか？　達成されない場合にはどうなるか？　などと問うことで，課題の背景が明確になります。

課題 4：阻害要因を取り除く

　行動を妨げる要因があります。親の反対，資金の不足，知識の不足，実行の方法がわからないなどが考えられます。行動化での段階では，クライエントが選択したことに専念できるように援助をするのが，カウンセラーの役割になります。まず，クライエントの支えとなる人間関係を形成する援助ができます。さらに，実行に移す阻害となる誘因を取り除く援助もできます。
　具体的には次のような質問をします。

・「行動するための援助や資源がありますか？」
・「あなたの行動を阻むものがありますか？」
・「以前には，どのようなことをやりましたか？」
・「これを実行することはできますか？」
・「どのくらいの期間でこれを実行することができますか？」

　具体的な行動が選択できたら，必要があれば行動のリハーサルやロールプレイをしてみます。また，トレーニングが必要ならば，アサーション・トレーニング，あるいはジョブカードによる資源の棚卸し，キャリアアップの策定，履歴書の書き方トレーニングなどが必要になります。日本人には，コミュニケーションスキルの育成も見逃せない課題です。著者の宣伝になりますが，『ワークブック「対話」のためのコミュニケーション』（協同出版，2017 年）も推薦できます。

第6章

ライフデザイン・カウンセリングと
キャリア構成インタビュー（CCI）

水野修次郎

▍1. キャリア・ナラティヴ

　2016年度の全米キャリア開発協会（NCDA）の大会は，シカゴで開催されました。1913年に全米職業ガイダンス協会（NVGA）が設立されて，1985年にNCDAと改名されました。つまり，「職業ガイダンス」から「キャリア開発」協会と改名したのです。この改名の背景には，仕事という考え方が，職業（vocation）からキャリア（career）に大きく変化したことに原因があります。仕事は，職業からライフキャリアという生涯において個人が通る人生の軌跡という意味に変化しました。そして，21世紀には，キャリカウンセリングが本当に必要な時代を迎えました。サビカス博士は100周年記念大会の最終講義を担当しました。これにも大きな意味があります。サビカス博士は，21世紀には，キャリアガイダンスからキャリア・カウンセリングへの転換が始まっていると提唱するからです。この転換についてサビカス博士は，次のストーリーを語りました。私は，サビカス博士にこの講演後にお会いしたところ，このストーリーの原稿をいただき，日本のCCI学習者に伝えることを許可してもらいました。そのストーリーが以下です。

　　山の中の小道のどこを探しても知恵の洞窟を見つけることはできない。この洞窟では，ある女性がタペストリーを織っている。その女性のすぐ後ろには，何千年も前に火がつけられた炉がある。その炉には大きな鍋が置いてあり，鍋にはスープが入っている。そのスープには世界中の種や果物，野菜が入れられている。いわば世界の存在を象徴するスープは時々煮立つので，その女性は鍋をかき混ぜるために炉に戻ってくる。彼女がスープをかき混ぜていると，一匹の黒い犬が織りかけているタペストリーの端に嚙みつき引っ張る。鍋をかき混ぜた後，彼女がタペストリーを織りに戻ってく

ると，糸の端が床の上にあちこちに散らばっている。それらの糸の中には，織物の端を縫い止める黄金の糸も含まれている。彼女は，それらの糸屑を取り上げて，しばらく途方に暮れていたが，新しい図案で織り直し始める。

　混乱の中で，彼女は新しい図案のタペストリーに金糸を織り込んでいく。過去には，何回も，織り上げては，黒い犬にタペストリーの糸を食いちぎられ，また新しい図案で織り始めることがあった。このようなことを繰り返すので，このタペストリーは，永遠に完成することがない。ある意味では，織り上げたときに，世界の終わりがくる。この女性が織り続けるタペストリーのように，人生はたえず変化をする。人は，さまざまな挫折や中断を経験しながら，生きている。

　タペストリーの端が食いちぎられて床の上に積まれています。食いちぎられた端は，人生の途中で失業したり，失敗したりすることの象徴です。鍋は，生と死を象徴し，犬は，抑うつや適応障害を象徴します。クライエントは，人生のタペストリーの端を食いちぎられて，混乱と不安定の状態でカウンセリングに来ます。クライエントは，生きる意味や実存を鍋の中にいれて煮込んだスープの味を確かめるために，キャリア・カウンセリングに来るのです。このようにして，人生は，たえず再生，あるは再創造しながら進みます。カウンセラーは，まず始めに，黒い犬をなだめます。スープの鍋に入っているニーズ，夢，働く意味をかきまぜて，味を確かめます。クライエントは，自己を振り返り，深く内省して，食いちぎられてほどけて床に散乱している自分の糸を拾い集めます。金糸はクライエントのライフテーマや人生に流れる一貫する意味の象徴です。

　カウンセラーは，クライエントが人生の転機に直面したときに，混乱しているキャリアストーリーを改訂して，一貫する，まとまりのあるストーリーに改訂することで混乱を解消します。金糸は，クライエントに人生の一貫性と継続性を与えます。クライエントは，より確かな意識と意図をもって再び人生を歩み始めるのです。

　このナラティヴを心理学を用いて説明しましょう。この洞窟の女性は，社会の中で主体的に活動する人です。人が生を授かり，幼児期に見知らぬ環境の中で，セルフを育成して，個性を育みます。そして，世界に旅立つ。これがセルフの最初の基礎となる層を形成します。つまり，幼児期の世界から取り入れた最初の人生の意味です。そして，脳が成熟すると，第2の層，つまり動機づけされたセルフが形成されます。主体的に活動する個人は，意図的に織物をデザインし始めます。そして第3の層，自分の物語の主人公が形成されます。自分の物語を語ることによって，時を超えて活動する動機づけや意味が形成されるのです。意味や目的を形成するために，人は自分の物語を語るのです（Savickas, 2015）。

しかし，私たちは転機を経験すると，続けようと思っていた人生が中断してしまいます。そこで，人生の意味を語り直し，人生のストーリーを再構成する必要が生じます。今まで続けてきたやり方を使って再構成しようとするとうまく再生できません。今までのやり方により多くの努力や時間をかけて対処しても同じデザインのストーリーを続けることができません。今まで経験したことがない新しい境遇に接すると，今までのやり方だけでは，うまく適応することができません。そこで，視点を変えて，自分を離れて観察して，まったく新しい視点から改訂を試みる必要があります。新しい問題に取り組むには新しい動機づけが必要になるのです。人は新しいストーリー，あたらしい図案を構成して，新たに歩み始めることができるようになります。

2. ナラティヴ・アプローチによるキャリア構成

転機を経験すると，人生のストーリーが中断します。今までのストーリーとは，大きなズレ（dislocation）を感じて，混乱を経験します。カウンセラーは，クライエントの語る混乱のストーリーを聞き取ります（listen for）。この場合は，聴く（listen to）というむこうから来るのを受け取るという受け身の傾聴ではなくて，積極的に引き出すという意味があります。カウンセラーは，クライエントの語りを促進する役割を担います。クライエントの語るストーリーはたった一つの真実を語っているだけではありません。カウンセラーは，クライエントのさまざまな語りの中からクライエントと共に語られる人生の意味に耳を傾けます。

人生は，タペストリーを編むようなものと譬えると，織っている柄にはパターンがあるものです。パターンは，無意識で衝動的に繰り返されます。さまざまなエピソードの中には，何回も何回も繰り返す同じパターンが経験されるものです。このパターンが何であるかを知ると混乱に一貫性がもたらされます。人生に一貫する意味は，人生を未来に運びます。つまり，過去が未来を創造する瞬間が経験されます。

ライフデザイン・カウンセラーは，クライエントが自己のアイデンティティについて語るストーリーに注目します。ストーリーによって，クライエントは意味を創造し，掛け替えのない人生の意味を未来に運ぶことができるのです。

ライフデザイン・カウンセラーは，人生を職業に適合させるのではなくて，職業を人生に適合させる援助をします。カウンセラーは，クライエントがどのようなやり方で職業を活用して生きる意味を創造しているかに注目します。つまり，人生の生きる目的のために職業をどのように活用できるかを問うのです。

　ライフデザイン・カウンセリングは，次の３つのプロセスで進みます。

（ａ）個々のエピソードや出来事を語る（ミクロ・ナラティヴ）。
（ｂ）ミクロ・ナラティヴをマクロ・ナラティヴあるいはライフポートレートに再構
　　成する。
（ｃ）次の行動を導く意図をカウンセラーとクライエントが協働して共構成する。

　この場合の構成する，再構成する，共構成する，癒しのナラティヴという意味
は以下の通りです。

構成する：クライエントは，自分の位置にズレを感じると語り始めます。混乱し
　ている，断片的なストーリーを語ります。クライエントは，自己をどのように
　構成してきたかを語ります。

再構成する：クライエントは，新しい視点を得て大きな物語を語り始めます。ア
　イデンティティ・ナラティヴを構成することで，意図的に創造的にセルフを構
　成して語る視点を得る。必要があれば語りを修正し改訂することもできます。
　新しいストーリーは，忘れていたこと，取りこぼしていたこと，分離されてい
　た経験を再統合することで，より一貫するライフストーリーとして語られる。
　カウンセラーはクライエントと協働して，小さなストーリーに散りばめられた
　材料を拾い上げて足場を組み立て，新しいストーリーを構成します。

共構成する：カウンセラーは，クライエントの人生をライフポートレートにして
　クライエントに語ります。クライエントが語ったことが，言葉となりストーリ
　ーとしてまとまったライフポートレートになり，それを聞くことで，自分の伝
　記をいったん外に出る視点を得て，新しく自分を見直す。

　　クライエントは，役割の変化によって生じたアイデンティティのズレや混乱
　を新しい洞察を得て新たな理解することができるようになる。内省すること
　（reflexivity）でポートレートを未来に延長することができる。自己の人生で何
　を実現したいのかを意図することで人生やキャリアを未来に延長して理解する
　ことが可能になる。

癒しのナラティヴ：再構成がうまくいかない場合は，癒しのナラティヴが必要に
　なる。癒しのナラティヴによって，キャリア・カウンセリングがセラピーにな
　ることもある。癒しは，人生を語ることによってもたらされる。はっきりと理
　解されていなかったセルフ，他者についての理解，自己の信条，過去の秘密，
　怖れ，喪失などを語ることで癒しがもたらされる。現在の自分にズレを感じる
　と，過去の痛みや，痛みを伴う記憶は，再びクライエントを傷つけることにな

る。過去の捉われ（preoccupation）を現在の仕事（occupation）に転換する必要がある。捉われから脱構成されるためには，クライエントを制限しているストーリー，見逃していること，省略していること，忘れ去っていることに気が付く必要がある。自己破壊的なストーリーが，自己を育てるストーリーに転換されて，本当の自分と，成りたい自分に気が付き，断片的な自己ストーリーがより統合されたストーリーへと転換されることで，癒しがもたらされる。痛みの意味を人生に再統合することでもある。

〈CCI の研修〉

　日本からの 16 名は，2017 年 7 月 25 日，26 日，27 日と米国オハイオ州のケント州立大学でキャリア構成カウンセリング研修に参加しました。サビカス博士は，5 つの質問によって個人のライフテーマに関連する材料を集めて，クライエントのライフポートレートを構成するという画期的なキャリア・カウンセリングを開発しました。ライフテーマに触れたクライエントは，生きる意味を発見することができます。CCI 研修はサビカス先生とマスターカウンセラーによるドリームチームによって構成される教授陣によって，CCI の実際を小グループで研修できるという企画です。

　初日は，サビカス博士のカウンセリングの実演を見学しました。その後 CCI で用いる 5 つの質問についての詳細を学習しました。2 日目はペアになり実際に CCI を実施しました。

　3 日目は，CCI で集めた記述資料から面接をしたペアのライフポートレートを作成しました。ライフポートレートとは，文章でクライエントのライフストーリーを書き綴った作文のことです。この作文を相手に読んで，フィードバックをして，さらに改訂や精緻化を進めます。

　CCI の日本での進め方は，第 5 章に説明があります。すでに，CCI の理論は『サビカス　キャリア・カウンセリング理論』（福村出版）として，マニュアルは『ライフデザイン・カウンセリング・マニュアル』（遠見書房）として邦訳されています。研修では，これらの著作では知り得ない多くの学びがありました。そのうちで日本からの 16 名の参加者が学ぶべきことを記述します。

　サビカス博士は実演で「私とあなたと比較しないことです」。比較するのは，「今日のあなたと 10 年後の明日のあなたの進歩です」と説明していました。サビカス博士は，CCI でメモを取ります。また，クライエントが希望するならセッションを録音します。メモは，カウンセラーのものではありません。クライエントが語ったストーリーなので，クライエントがメモの所有者です。録音も同様にク

ライエントが望むなら消去もできます。一般的なカウンセリングでは，セッション中にメモをとりません。しかし，クライエントの語るストーリーの形容詞や動詞を拾い上げて，クライエントの〈語り〉を再構成する役割があるライフデザイン・カウンセラーは，クライエントの使う言葉や表現をメモにとります。

　サビカスの実演を見た聴衆は，クライエントの〈語り〉を聞いた証人となります。聴衆は，実演から何を学んだかをボランティアのクライエントに伝えることができます。「あなたの悩みは私の悩みでもあります」「あなたの気づきが私に勇気を与えてくれました」「貴重な個人的な話を聞かせてもらいました。多くの気づきが生まれました。特に，お母さんの支援には感動しました」などと感謝を伝えます。聴衆は，好奇心からクライエントにプライベートな質問をしません。

　聴衆も専門家ですので守秘義務が守られる安全な環境での実演が可能になります。アメリカが100年の歳月をかけて育てたカウンセリングという職業の専門家集団たちの見事な連携です。

▌ 3．CCI とカウンセリング

　ライフデザイン・カウンセリングは，カウンセリングあるいは心理療法の一種なのでしょうか？　癒しのナラティヴで触れたように，自己が望むキャリアの実現を妨げることに，深い心理的なトラウマが関係することがあります。したがって，キャリア・ライフ・カウンセリングというように考える人たちもいます。キャリアとライフは切り離せないことが多いのです。

　一般にカウンセリングとは，全米カウンセリング協会（ACA）の定義によると「多様な個人，家族，集団が，メンタルヘルス，ウエルネス，教育やキャリア目標を達成できるようにエンパワーする専門的な関係のしかた」とあります（20/20：CONSENSUS DEFINITION OF COUNSELING）。カウンセリングは，問題の深刻さ，問題の複雑性，痛みや苦しみの程度，その頻度，期間，段階などの要因が関係してきます。クライエントの心の痛みがあまりに強く，精神状態があまりにも不安定な場合，まずは心の問題の核心となる急性ストレスに対処する必要があります。多くのキャリア・カウンセラーは，その訓練を受けていないので，能力の限界に直面します。クライエントの利益のためにも，すみやかにリファーすることが適切でしょう。ライフデザイン・カウンセリングをする場合でも，カウンセリングの基本は忘れません。このことは『ライフデザイン・カウンセリング・マニュアル』には書いてありませんが，カウンセリングでは当然なこととして理解する必要があります。キャリア・カウンセリングと個人カウンセリングは別物と考える

よりは，この２つの領域は部分的に重なるものと考えます。したがって，キャリア・カウンセラーは，メンタルヘルスについての深い見識が必要となります。

キャリア・カウンセリングは，次の３つの分野があります（Lent & Brown, 2013）。

　①キャリアに関連する決心ができるようにする。
　②キャリア転機を乗り越えて，ワークライフのバランスを保つ。
　③職業に適応して，自己のキャリアをマネジメントする。

キャリア・カウンセリングには，実際にはガイダンス，アドバイス，教育，就職，コーチング，メンタリングなどが含まれます。したがって，キャリア・カウンセラーは，カウンセリングだけでなくて教育やガイダンス，コーチングもできることが求められます。クライエントのニーズに合わせて，さまざまなアプローチを組み合わせて対処するのが適切でしょう。

〈カウンセリング関係の基本〉

カウンセリングでは，クライエントの自律尊重が基本です。クライエントをいつまでも依存させるのではなくて，自己決定できるように援助するのが基本です。インフォームド・コンセントは自己決定の尊重に基礎があります。物事を理解する認知能力があって，選択肢に関連する十分な情報を得て，さらに意思決定の自由が保証されている場合にのみ，クライエントはインフォームド・コンセントをする能力があります。必要がある場合には，カウンセリングでは，自己決定をする援助をするか，あるいは自己決定できる能力を育成する援助をすることができます。カウンセリングでは，自律を促し，自己決定をして自己の人生の責任を引き受ける援助をすることが基本です。しかし，クライエントが余りにも脆弱な場合は，権利擁護をすることもあります。たとえば虐待の犠牲者や DV の被害者はあまりにも弱くなっていて，自己決定をする能力があるとは思えない場合もあります。そのような場合は，積極的に権利擁護する必要があります。

〈信頼性の構築〉

カウンセラーとクライエントの間には，作業同盟が形成されます。この作業同盟は，転移と逆転移という関係によるいつわりの信頼関係ではなくて，問題解決のために，信頼に基礎のある共同作業ができる関係を指します。ほとんどの人間関係は転移関係といってもよいほど，転移はいつも人間関係に現われる現象です。

カウンセラーの人間関係のくせも転移として現われます。転移には，陰性と陽性とあるので，いつも意識していないと深い影響を受けてしまうことが多々あります。例としては，あるクライエントに会うのが待ち遠しい気持ち（陽性転移），クライエントに何となくネガティブな感情を抱く（陰性転移），が典型的な転移現象です。クライエントは，一人ひとりが個性や特殊性のある個別な存在であり，さまざまな文脈で生活をしています。問題は時々刻々に表情を変化します。それに付き添うのが臨床的態度です。

　カウンセラーによっては，クライエントの課題を自分の課題として引き受けて満足している人もいます。あるいは，クライエントに対して冷たくなってしまう，あるいは熱くなり過ぎるのは，クライエント問題に巻き込まれ過ぎることによる反動です。反動的な傾向のあるカウンセラーは，日常の生活でも同じような人間関係が際立ちます。まさしくカウンセリングの場の「いまここで（here and now）」見受けられる関係性は，カウンセリング室の外での「あそこであのとき（there and then）」の関係なのです。そこで，カウンセラーは人間関係の専門家として自己分析や自己知識を増やす必要があります。

　カウンセラーのニーズは，新しい問題を投げかけます。カウンセラーによっては，認められたいニーズ，必要とされたいニーズ，有能でありたいニーズ，影響を与えたいニーズ，愛されたいニーズ，性的なニーズ，金銭ニーズがあります。すべてのニーズが満たされるのは不可能です。クライエントを自己利益で利用したり，搾取したりしないためには，せめて，専門家として自己のニーズの自覚と自戒が必要でしょう。

　カウンセラーは，人間として未熟な部分を自己の人格の核にいつももっているものです。しかし，プロフェッショナルな関係，たとえば守秘義務などの専門職としての態度，関係性の形成は，専門に裏打ちされているので，カウンセラーはさまざまな誘惑から守られています。その意味では，専門職関係という制限のある関係を構築するのは，極めて必要なことです。

〈カウンセリング・サービスの提供〉

　キャリアコンサルティングで出会うクライエントには動機づけが十分でない人がいます。何をしにきたのか，何をしたいのか，未来にも何も希望がないクライエントが存在します。このような場合にキャリア・カウンセラーは何ができるでしょうか。

　まず，キャリア・カウンセラーやキャリアコンサルタントが何者なのか，どのようなサービスが提供できるかを十分に伝えることができます。情報はインター

ネットや紙媒体でも得ることができます。しかし，キャリア専門家が伝える情報とは何でしょうか。目の前のクライエントを受け入れ，理解し，援助することで，心が通い合う，お互いの存在が確認できることが必要です。信頼関係が構築できると，カウンセラーの意識はクライエントと共にある状態になります。すると，その瞬間に人間と人間のふれ合いを感じることができます。サービスは情報伝達だけではありません。情報に意味と生命を吹き込むのはカウンセラーの人間性です。

〈援助するという意図〉

カウンセラーが意図的に援助すると信頼関係が深まります。クララ・ヒルによるとカウンセラーの意図は次の3つに分類できます（水野，2009, p.63）。

①カウンセラーとクライエントの関係性を深める意図：クライエントの気持ちを受け止め，受け入れる。クライエントが自分の考えや，気持ちを表現できるように援助する。カウンセラーとクライエントの関係性を深める援助をする。
②課題を明確にする意図：クライエントの不適応な行動を指摘する。クライエントの無益な考え方を乗り越えることに挑戦する。クライエントの無益な信条を変化させる援助をする。
③促進する意図：クライエントの気づきを促進する。気づきを明確化する。

以上の3つの援助意図は，カウンセリング効果を高めるだけでなくて，カウンセラーとクライエントの信頼関係を確かなものにします。
信頼関係の構築に必要なのは，明確化，焦点化，洞察を促進する意図が実践できることです。確かな技術は，信頼関係を促進します。

〈クライエントの種類〉

クライエントは，大きく5種類に分類できます（Prochasca & DiClemente, 1992）。

①自分に問題があることに気が付いていない。
②自分に問題があることに気が付いているが，行動を変化させるまでにいたらない。
③行動を変化させる準備をしている。
④自分を変化させるために行動している。
⑤継続的なサポートとフォローアップが必要。

①のクライエントには，信頼関係を形成することを第一にします。②のクライ

エントは，知的理解を促進します。③のクライエントは，知的な理解だけでは十分ではありません。感激することによって行動に駆り立てられます。また，課題を明確化させて具体的に取り組めるような課題に再構成します。行動を変化させる準備のできている人は，具体的な行動プランを作成する援助します。④のように実際に行動を起こしている人には，その行動ができるようにコーチング，あるいは寄り添い支持します。⑤のクライエントには，変化を持続させるための継続的なサポートがあることが望ましいです。

4．CCI のインフォームド・コンセントについての注意

　インフォームド・コンセントを実施することで，安全と安心のベースが提供されます。カウンセラーは，まず，クライエントが任意で面接するかどうかの確認が必要です。誰かに強く勧められて来室した場合には，明確な自分の意志で来室したことにはなりませんが，キャリア・カウンセリングを受けることに同意があるかどうかを確かめます。
　CCI では，クライエントは質問されたことに対して答えます。クライエントは，質問されたことをすべてつつみ隠しなく話す義務はありません。どの程度，自分のことを話すかは，クライエント自身で判断してもらいます。また，CCI によって，すべての問題が解決するわけではないことを伝える必要があります。CCI の心理リスクについて，その代替方法（他のカウンセリング方法）について説明して，CCI を選ぶことを確認します。料金と面接の時間を設定し，それをクライエントに伝えます。守秘義務や面接記録の取り方，保管の方法，面接記録のアクセスについて説明することが必要です。次の CCI をする場合の具体的な方法について記します。

- クライエントのカウンセリングに対する希望があまりにも過大で現実味に欠ける場合，現実的な目標を設定するようにします。
- CCI を開始する際に，クライエントの心理状態があまりにも不安定な場合は，面接を開始しません。まずは，急性のストレスに対処します。
- CCI 面接の途中であっても，カウンセラーがクライエントを専門家（精神科医，臨床心理士などの）にリファーする必要があると判断できるならば，そのことをクライエントと話し合い，必要があれば具体的にリファーすることが望ましいです。
- CCI は，クライエントの協力が必要ですが，クライエントはすべての情報をつたえる必要はありません。クライエントの自由意思を尊重して，プライバシーと人格を尊重すること，クライエントの文化と価値観を尊重することが大切です。
- クライエントは，いつでも CCI を中断できる権利があります。クライエントの利

益を最大限にして，仮に危害が生じた場合は危害を最小限にとどめるという配慮が必要です。仮に，心理的な痛みが生じた場合は，その手当をできるだけすることが信頼関係を構築します。

・特に，5番目の質問である幼少期の思い出では，幼少期のトラウマの状態が今フラッシュバックを起こして何回も体験するのかをアセスメントします。あまりにも，心理リスクが高い場合には，この質問をしなくても十分に初期の目的を達成できます。

・クライエントには，インフォームド・コンセントでCCIの特徴とそのリスクをわかりやすい言葉で説明してもらう権利がある。また，わからない場合は，質問をする権利もあります。CCI以外の別の方法も呈示して，クライエントの自由意思でCCIを選択してもらうのが倫理的です。カウンセラーは，クライエントに誠意を示して，クライエントが理解できるように説明をして，質問には丁寧に答える必要があります。

・インフォームド・コンセントを進めながら，クライエントには，認知能力（理解できる力，判断できる能力）があり，CCIの説明を理解し，自由意思でCCIを選ぶことができることを確認します。

・CCIのプロセスを急ぐことなく，クライエントのペースを尊重して，自己理解が促進されることを第一番にして，カウンセラーの好奇心を満たすカウンセリングやカウンセラーの力を見せつけるカウンセリングにならないようにします。

〈インフォームド・コンセントの例（これに限らないが最低限必要）〉

次にクライエントに文書として示すインフォームド・コンセントの例をあげます。

1）今回のカウンセリングは，ご自分で希望しましたか？
2）CCIではクライエントは質問されたことに対して答えてもらいます。どの程度ご自分のことを話すかは，ご自分で判断してください。
3）CCIでは，あなたのキャリアテーマを明確にして，人生のストーリーを文章にして表すことが目標になっています。しかし，このCCIによって，あなたのすべての問題が解決するわけではありません。導入の質問によって，CCIの目標を設定します。
4）CCIにおけるカウンセラーは質問をする役割があります。それに対する回答を明確化する手伝いをします。決して，あなたに明確な解答を与える役割ではありません。
（必要がある場合は，5つの質問をあらかじめ示すこと）
5）CCIの心的リスクについて，その代替方法（他のカウンセリング方法）について説明します。次にCCIを選ぶことを確認します。
6）料金は○○○，面接の時間は○○○です。
7）この面接には，スーパーバイザー，コンサルテーション先があります（ある場合

は，具体的な名称と所属先を伝えること）。
8）面接者の資格は○○○で，CCI の訓練は○○○です。

必要がある場合は下記の説明を加えることができます。

1）グループの場合は，グループカウンセリングのルールの説明。守秘義務の限界について説明すること。グループでは必ずしもすべての守秘義務が守れないこと。
2）クライエントによっては，守秘義務の限界を知らせること。自傷多害の恐れが強い場合は，クライエントにとって親しい人にそのことを知らせること。
3）面接記録の取り方，保管のし方，面接記録のアクセスについて説明する。

文章で伝える方法は，それぞれのカウンセラーが工夫をしてください。

5．CCI の効果を評価する方法

ここでは，CCI の効果を実証するためにどのような方法が使うことができるかを紹介します。

〈クライエント目標達成のための介入効果〉〈Effective Intervention in Achieving Client Goals (Gibson & Cartwright, 2014)〉

これは，クライエントが面接を受けた結果，どのような変化があったかを測定できる尺度です。クライエントがカウンセリング面接を受けた後に，次の質問をします。
「カウンセリングに初めて来たときは，どのような状態でしたか？」
「その後，どのような状態になりましたか？」
カウンセリングを受けた後の説明を録音しておいて，分析をします。分析方法は，

・話のトーンや強調されている言葉からどのような感情が込められているかを分析する。
・話の重要なプロットを探求する。始めと終わりにプロットにどのような変化があったかを分析する。
・複数の評価者がクライエントの理解を促進したこと，阻害したことが何かを話し合う。

その結果，介入によって次の4種類の変化がありました。

・変革的な大きな変化があった（transformative）。その結果，逆境にあったが，新しい自己が生まれてポジティブな解決策を見つける。
・大きな変化はなかったが，日常生活ができるようになった（supportive）。
・実際に特定な課題が解決された（pragmatic）。
・何も変化がないのでがっかりした（disappointed）。

CCI 実施した後に，この質問をして，クライエントの語りを分析して，効果を評価することができる。

〈面接効果評価スケール〉（Session Rating Scale［Duncan & Miller et al., 2003］）

この尺度は，カウンセリングや心理面接で使われています。CCI 面接が終了した後に，クライエントに質問あるいは質問紙で答えてもらいます。量的な尺度（「5．あてはまる」，「4．どちらかというとあてはまる」，「3．どちらともいえない」，「2．どちらかというとあてはまらない」，「1．あてはまらない」）などと問うことができます。この尺度は，ウェブサイト（http://scottdmiller. com/performance-metrics/）で手に入ります。ただし，研究に用いる場合は脚色しない，勝手に翻訳しないという使用条件があるので注意してください。
このスケールのおおよその意味は以下です。

質問1　あなたは傾聴されて，理解されて，尊重されたと思いますか？
質問2　わたしたちは，話したいことが話せて，したいと思ったことができましたか？
質問3　CCI はあなたに合っているカウンセリングでしたか？
質問4　CCI 面接を受けて，全体的に効果がありましたか？

各質問の目的は以下です。
質問1は，カウンセラーとクライエントの関係の質についての質問です。
質問2は，目標や話題についての質問です。
質問3は，アプローチや面接方法についての質問です。
質問4は，全般的に自分に合っているかどうかを問います。

〈未来の自伝的語り（Future Career Autography［Rehfuss, 2009］）〉

この質問は，10 分ぐらいで実施できます。2回実施します。2回目は1回目から8週間後にします。評価者は，実施者と外部評価者を1人加えるのが通常です。

口頭で以下のように指示します。

「この紙面を使って，短い一段落ぐらいの文章で，大学卒業5年後に，どんな場所にいるか，どのような仕事をしているかについて作文してください」

作文の内容について以下のように分析します。

・テーマの分析

生活の質の分析：業績，人間関係，安全性，経験。

職業としての望み：ポジティブな望み（〜したい），ネガティブな望み（〜したくない）。

変化の程度：一般的な分野から特定的に，一般的な興味から特定的に，特にないから特定の仕事へ，無関心から方向性，あいまいから焦点，阻害から希望，固定から広がり，停滞している。

キャリアの動機，価値観，方向性の語りの質がどのように変化したかを分析できます。

　〈セルフ探求尺度 Self-Exploration Scale（Stumpf, Colarelli, & Hartmann, 1983）〉

この尺度は，キャリア探求尺度（Career exploration survey）からセルフ探求という5項目だけを取り出したものです。セルフ探求尺度は，次の5つの質問をします。

「これまでの3カ月間で，次のことをどのくらいの頻度でしてきましたか？」

1．自分の過去と未来との統合方法を考える。
2．自分自身のことに焦点を当てて考える。
3．過去についてじっくり考える。
4．キャリアについて考える際に，過去を振り返る。
5．過去の行動と未来のキャリアとの間に存在する新たな関連に気が付く。

CCI面接を終えた後，3カ月後にどのくらいの頻度で上の5つの項目について内省した，振り返った，考えたかを語ってもらいます。

　〈革新的な瞬間（IM）をコード化するシステム Innovative Moment Coding Systems; IMCS（Cardoso, Silva, Gonçalves & Duarte, 2014）〉

CCIセッション中にクライエントが体験する目覚める瞬間を「革新的な瞬間（IM）」と名付けました。その革新的な瞬間には以下の5つのタイプがあります。

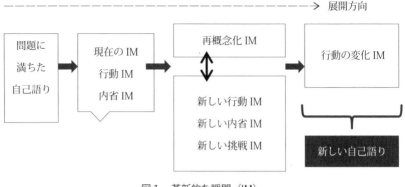

図 1　革新的な瞬間（IM）

- ・革新的な行動（問題のある自己語りに挑戦する特定の行動を起こす）。
- ・革新的な内省（問題のある自己語りについての新しい振り返りとその感情）。
- ・革新的な挑戦（問題のある自己語りに直面化する行動や考え方）。
- ・革新的な再概念化（現在と過去の自分の立ち位置を外から眺めてその変化を語る）。
- ・革新的な行動変化（新しい計画，目的，活動による変化の展開）。

　以上の「革新的な瞬間」を図式化すると図 1 になります（上述の論文 p.13 から翻訳引用）。

　面接前と面接後の自己語りを録音して，その内容を分析して 5 つのタイプに分類します。

　どのように自己語りが変化したかを 5 つのタイプに分類することが可能になります。

〈キャリア構成カウンセリングの重要な瞬間 Critical Moment in Career Construction Counseling（Hartung & Vess, 2016）〉

　CCI を実施した後で，面接の間に何が起きたをカウンセラーとクライエントが共に振り返ります。この方法は，IPR（Interpersonal Process Recall）（Kagan & Kagan, 1990）といって，セッションの録画あるいはテープを使って振り返る際に，実際にセッション中に起きた気づきの体験をクライエントが語るものです。クライエントの中で起きたことは，クライエントが一番よく知っているので，カウンセラーはその語りの内容に耳を傾けます。

　具体的には，次の 3 つの質問をします。

① CCI でどのような意義ある変化が生じましたか？
② CCI のどの過程でこれらの変化が生じましたか？
③ CCI によって，人生やキャリアについて内省（reflexivity）することができました
　か？

　Hartung と Vess（2016）は，CCI を実施した結果として次の発見を報告してい
ます。

①ロールモデルのストーリーを語ることで，自己のアイデンティティを内省すること
　ができた。
②幼年期の思い出を語ることで，ライフストーリーに統一性が生じた。
③CCI 質問に付け加えてフォローアップ質問をすることで，ストーリーが豊になった。
④カウンセラーが聴衆となってストーリーを聞き取る（listen for）ことで，ストーリ
　ーが明確になり，価値あるものになった。
⑤CCI 質問をすることで，人生に対する視点や行動を起こす必要性が明確になった。

　この研究は，効果を測定する尺度を開発する研究ではありませんが，CCI 効果
を研究するための重要な研究です。

第7章

ライフデザイン・カウンセリングの実際1：
ハナさんのケース

長谷川能扶子，ケビン・グラービン，水野修次郎

　ここでは，ライフデザイン・カウンセリングの実際について解説します。クライエントの，ハナ（仮名）さんは50代女性です。彼女の職業は，キャリアコンサルタントです。カウンセラーのケビン・グラービン博士は，サビカス博士の学生として学び，ケント州立大学でカウンセリングの博士号を得ました。ハナさんは，ケビン博士によるキャリア・コンストラクション・インタビュー（CCI）をアメリカで受けました。

　セッション1は，20xx年6月（45分間）に個別面談（通訳を介さず英語にて）として実施されました。「このセッションで解決したい課題」から始まり，5つの質問に答える形で面談が進みました。本書では，紙幅の関係でセッション1の逐語は割愛し，セッション1の内容を元に，後に水野の解説コラムを加えてハナさんが自身で作成したライフポートレートを掲載することにします。

1．セッション1から作成したライフポートレート

最初の質問の答え：もし私が，自己理解をもっと深めたら，クライアントの役に立つんじゃないかと思うんです。なので，もっと自分のことを深く知りたいと思っています。		
気にかかること 幼い頃の思い出	ハナさんが付けたタイトル「夢はかなう」 3歳の頃，近所の男の子達と遊んでいる時,その子たちが楽しそうに幼稚園の話をするので，すごく羨ましくなりました。きっと幼稚園ってすごくいい所なんだろうなぁ。私が知らないことを知っていて，羨ましい。私も絶対に行くぞ！と強い意思を持ちました。 ハナさんが付けたタイトル「そんなに我慢しちゃダメ」 弟は，私が持っているものを何でも欲しがり，いつも我慢して，弟にあげていました。ある時，すごく大事にしていた物を弟が「ちょうだい！」と言いだし，悲しくて，泣いてしまいました。すると，母が，「あげなくていいわよ」と言ったので，ビックリしました。 ハナさんが付けたタイトル「手助けする力」 算数の時間に，先生が教えていることが，隣の席の子にはわかりませんでした。私が教えてあげたら「わかった！　ハナちゃん，教えるの，先生より上手だね！」と言われとても嬉しくなりました。	ハナさんは,「知らない世界がある」ことが気になっていました。知っている人を羨ましく思っていました。 そして，我慢することが初めの生き方でしたが，我慢することを戦略として持つことに変化させました。 そして，人に喜んでもらうことが自分の喜びになることを発見しました。知らないことは知ることに変えて，我慢を戦略に変え，人に喜んでもらうのが対処法です。
セルフ 役割モデル	「魔法使いサリー」のサリー：好奇心旺盛，優しい，チャーミング 「エースをねらえ！」の岡ひろみ：素直，純粋，頑張り屋 「足長おじさん」のジュディ：賢い，感受性豊か，外交的	ハナさんは，好奇心旺盛で,チャーミングで素直そして外交的な人になろうとしています。
場面・舞台, 雑誌，テレビ，ウェブ	ニュース：コメンテーターや，専門家がディスカッションしたり，詳しく解説してくれたりするニュースショーが好きです。なぜそうなっているのか等，詳しいことを知りたい。 ファッション誌：新しい化粧品の情報，ファッションのコーディネートなど，役に立つ良い情報を知りたい。 情報番組：ダイエット，健康，商品の比較など，実験データ等に基づいた情報が知りたい。	ハナさんは，専門的な情報を得て，人の知らないことを知って，それを役に立てる場にいることが幸せです。

台本・ストーリー	映画「ハリー・ポッター」：ハリー・ポッターの成長物語。ハリーはみじめで，両親がいなくて，おじさんおばさんに虐められ，かわいそうな境遇。でも実は彼には特別な才能がありました。ハリーがそのことに気づいた時，彼の人生は変わります。いい友達ができます。周囲は，彼が魔法界の大問題を解決してくれることを期待します。最初，ハリーは目立ちたくなかったが，周りの人たちの期待に答え，彼はとうとう立ち上がって，偉業を成し遂げます。	大好きなストーリーから台本を採用するなら，成長していく物語です。困難な状況にあっても自身の才能に気付き，仲間ができ，問題を解決します。周囲の期待に応えて目標を達成する台本です。
成功の公式 自分 舞台 台本	自分：好奇心旺盛で，チャーミング，素直，外交的 舞台：ニュース：専門家，詳しく解説，詳しいことを知る ファッション誌：新しい情報，役に立つ情報を知る 情報番組：実験データ等に基づいた情報 台本：成長，困難な状況，才能，仲間，問題を解決，期待に応えて目標を達成	好奇心旺盛で，チャーミングで素直，そして外交的なハナさんは，専門的な情報を得て，人の知らないことを知って，それを役に立てる場にいれば，もっと成長します。困難な状況にあっても自身の才能に気付き，仲間ができ，問題を解決します。周囲の期待に応えて目標を達成します。
自己への忠告・モットー	当たって砕けろ： とにかくやってみよう！　上手くいかなくても，状況は変わらないし，失うものはない。ダメならもう一回やれば良い。	ハナさんの転機に直面した時に，自分に与える最高のアドバイスは，「当たって砕けろ」です。

・セッション2に向けてのハナさんの思い

　セッション1は，生まれて初めて「自分と出会った」かのような体験でした。カウンセラーに語っているうちに，私は，「自分の人生が愛おしい」と強く感じ始めました。その気持ちはセッション後もずっと心に残りました。

　反面，占い師に言い当てられたような，不思議な魔法を見せられたような感覚があったのも事実です。「私の人生ってこうなんだ」という確信にはまだ至っていませんでした。「くすぐったいような褒め言葉をたくさん貰ったけれど，信じていいのかな？」「ロールモデルのようになれたら，それは嬉しいけれども，本当にそうなれているのかな？」「もう少し考えたい」と思いました。

　セッション1の後，いろいろと頭の中，心の中をよぎったことを，カウンセラーに聴いてほしい，という気持ちが高まっていました。もっとハッキリ自分を知りたい。自分の人生を知りたい。そんな気持ちで，セッション2に臨みました。

▌2．セッション2の面接逐語記録（CCとCLの解説付）

　セッション2は，セッション1の2カ月後に実施されました。通訳を介さずに90分の個別面談が実施されました。原文を聞き取り，書き出し，その翻訳を援助してくださったのが三好真さんです。以下がその逐語の抜粋です。このまとめには，カウンセラーであるケビン博士の実際の発言（CC），クライエントであるハナさんの発言（CL）の抜粋が記載されています。「CLの気持ち」は後に逐語を読み直してハナさんが当時の気持ちを振り返って自身で書いています。「解説」では，CCがどのような意図で発言したり介入したりしているかを，水野が説明しています。

セッション2（90分間）個別面談（通訳を介さず英語にて）

		逐語	CLの気持ち	解説
CC1		これが2度目のセッションになりますね。今回は，何について話し合うことが，あなたの役に立ちそうですか？		2セッション目です。1セッション目で関係性が成立しているので，最初から考えさせる質問をしています。
CL1		最初のセッションの後，記憶が刺激されて，小さかった頃のことが，もっと思い出されてきたんです。そのことについて話し合いたいと思います。	1セッション目の後に思い出された幼少期の思い出に，どのような意味があるのか，CCと共に確認したいという思いがありました。	1回目のセッションが終わったあと，CLは頭の中で作業を続けていました。
CC2		では，話してみてくれますか？		
CL2		はい。1回目のセッションで，3歳の頃の思い出をお話しました。		
CC3		そうでしたね。		
CL3		そして，これもまた，3歳の頃の話になります。		
CC4		わかりました。		
CL4		ある日，私が母と一緒に家にいると，配管工事の男の人が，やってきました。		もう1つの思い出。

	逐語	CLの気持ち	解説
CC5	配管工？		CCは話に興味を持っていることを示すために質問しています。
CL5	その人は，何か，修理に来たんだと思います。大きな男の人でした。私は，母と二人きりでした。私は，そのおじさんが，すごく悪い人だと思ってしまったんです。		
CC6	そうなんですね		
CL6	お母さんを守らなきゃ，と思い，私は，すごく小さかったんですけれども，その大きなおじさんから母を守ろうとして，噛みつきました。あははは。実は，おじさんは，全く悪い人なんかではなかったんですが。何か，修理に来ただけで。母も，「まぁ，ハナ，やめなさい！」と言ったのですが，私はやめませんでした。お母さんをおじさんから守らなくては！と思って。それが，私の，2番目に古い記憶です。		すでに新しい内省があります。
CC7	OK，ハナ。タイトルをつけるとしたらどうですか？		ストーリーの内容よりも，抽象度の高い「題名」がキーになります。
CL7	タイトル，そうですね。	少し戸惑いましたが，1セッション目でも行っていることなので，抵抗なく考えられました。	CLは，どんな題名になるかを考えています。
CC8	どうつけますか？		
CL8	大事な人を危険から守れ！		題名の中にある動詞に注目します。ここでは，「守る」という動詞が出てきました。
CC9	大事な人を危険から守れ。		繰り返すことで，きちんと聴いたことを相手に伝えています。

	逐語	CL の気持ち	解説
CL9	私は，小さかったけれども，大人の，大きな男の人に立ち向かう勇気を持っていたと思います。		洞察
CC10	大きな男の人にね。ちょっとここで中断しても良いですか？　ちょっと分析しても。		2セッション目なので，CL の理解を促進するために，多少プッシュしています。信頼関係ができているので，リスクはあっても，少し踏み込むことができます。
CL10	ええ。		
CC11	昨夜，最初のセッションの逐語録を読み返していて，何度も何度も，同じ言葉が出てきていました。勇気。		事前に1回目の逐語を読んでいて，CL の使っている重要な表現について理解を深めるための質問をしようとしています。
CL11	ああ。		
CC12	勇気。		
CL12	ええ。	CC に指摘されて，1セッション目でも「勇気」というキーワードが出ていたことを思い出しました。	「勇気」に重要な意味があります。
CC13	決意。		セッション1で繰り返された「勇敢」「勇気」「決意」という重要語を再確認しています。
CL13	はい。		
CC14	最初に出てきた動詞は何でしたっけね……。（メモを見て）		ストーリーに含まれる動詞の確認をしています。
CL14	ええと……。		

	逐語	CLの気持ち	解説
CC15	配管工の人が家に「直しに来た」と言っていましたね。もう1つの単語は,「守る」ですね。では,現在の,あなたの人生でどうやってあなたの大事な人を守っているのでしょうか?		「直す」「守る」が出てきました。これらが何を意味しているかを確認すると同時に,「守る」と「直す」が現在の生活にどのような意味があるかを探求していきます。
CL15	直す……。というと,クライエントの心でしょうかね。		クライエントに焦点を移す。
CC16	なるほど,守るは?		
CL16	私の息子たちのことを守るのが大事です。		
CC17	息子さんたちですね。どんな危険から守っているのですか?		具体的に現在の行動との関係付けをしていきます。
CL17	私の両親は,私に十分な教育を受ける機会を与えてくれました。そのことが,私を危険から守ってくれました。なので,私も,同じものを息子たちに与えたいと思っています。教育です。お金は使えばなくなってしまう。けれど,教育は,息子たちの中に残ります。	CCに問われて,あらためて自分の心に問うと,確固たるものが出てきたように感じ,語りだしました。	CLの洞察と新しい理解を引き出しています。
CC18	それで?		さらに探求していきます。
CL18	私の経験から言うと,離婚で全て失い,全て奪われたけれども,私の両親がしっかりと教育をしてくれたおかげで,乗り越えられました。教育は,とても大きな贈り物のようなものだと思います。	促されて,続けて語っていきました。	
CC19	贈り物。		贈り物という大事な言葉を相手に伝え返しています。
CL19	そうです,私を大いに助けてくれました。		贈り物=教育=助ける
CC20	ええ。		

	逐語	CLの気持ち	解説
CL20	だから，子どもたちにも，しっかりと教育を受けさせてあげたいと思っています。		
CC21	そうすれば，誰かが彼らを傷つけようとしても，生き続けることができるんですね。		
CL21	そうです。乗り越えることができると思います。		CLにとっては「生き続ける」が「乗り越える」という動詞に連続しているとわかります。
CC22	キャリアの観点から見てみましょう。息子さんたちを守りたい，というのは家族愛ですね。でも，あなたはクライエントも守りたい。語ってくれた子どもの頃の思い出と，現在がどう結びついているか，わかりますか？		「守る」という言葉の意味の連続性と一貫するストーリーを探求します。しかし，少し指摘が早すぎたので，CLが戸惑いを感じています。CLは後で気が付くことになります。
CL22	うーん，いえ，はっきりとは。	視点が切り替わったので少し戸惑いました。	ストーリーは，すでに「ある」のではなく，これからCLが語りながら構成していきます。
CC23	OK。小さい時，大きなおじさんから，お母さんを守ろうとした。そして，今は，クライエントを大きな世界，社会から，守ろうとしているんではありませんか？		CCは多少のリスクを冒して解釈をしています。
CL23	ああ，なるほど。	CCの解釈は，少し違うかな？と感じましたが，信頼関係があるので嫌な感じはしません。そういう見方もあるかな，という感覚です。	時には解釈することがありますが，押し付けではなく仮説であって，CLに反論や探求する自由を与えています。

	逐語	CLの気持ち	解説
CC24	あなたは，クライエントのために，戦っているんではないですか。小さい頃，おじさんに噛み付いたみたいに。そして，「直す」についてですが。クライエントを治しているわけではないでしょうが，助けていますよね。		勝手な解釈ではなくて，共感することにより，CLと共に意味を拡大します。
CL24	そうです，助けるというか，支援しています。	「助ける」を「支援する」に置き換えると，もう少しフィットする感じがします。	CLが大切にしている言葉を尊重します。
CC25	そうですね。クライエントが自分で自分を立て直していけるよう，あなたはサポートしているんですね。それから，私が思うに，皆を教育しているんではないですか？		教育という言葉がCLの心にフィットします。
CL25	ああそれはとても大事なことです。	守る＝教育＝現在の仕事，と結びつき，自分の感覚とぴったり一致しました。	
CC26	クライエントは，自分が何者なのかを知って——。		多層性を追求していましたが，一貫性が導き出されました。
CL26	そして，皆，自分の道を歩いていけるようになるんです。	CCの言葉に続いて，自然と自分の語りが出てきました。	CLが自由に意味の一貫性を語ることができています。
CC27	皆が自分で歩いていけるように支援しているんですね。クライエントは，またあなたの助けが必要になれば，いつでも戻ってこれる。でも，あなたは，皆を励まし，勇気付け，自信をもたせることで，皆を守っているんじゃないですか？		CC22で出てきた「守る」という言葉をもう一度伝え返します。
CL27	まさに，それが今の私の仕事です。	感動！　心の深いところに触れた感覚。	CLは過去と現在の連続性に気がつきました。

	逐語	CL の気持ち	解説
CC28	まさに，それが，あなたの人生なんですね。		ストライク！　CL の気づきを尊重しつつ，それが何を意味するかを，タイミング良く自然に指摘しています。
CL28	そうです。それが，私の人生です。いろいろな仕事がある中で，これは私にとって，金の糸だと思っています。女性支援だけは，ずっと続けていきたいんです。離婚した時，同じ境遇のたくさんの女性たちに出会いました。皆，働いていく自信がないと話していました。当時，私にとって，仕事をするのはとても楽しくて，面白いことでした。でも多くの女性たちは，「自分に仕事なんて無理」「お金を稼ぐなんて無理」「子どもを育てていくのは無理」と言っていたんです。「働くことはとても難しい」って。私は「そんなことありませんよ，働くって，面白いですよ。きっとできますよ！」と言いたかったんです。	自然と言葉をつむいでいく感覚でした。CC が寄り添い，語りを聴いてくれていることが心地よく感じています。	CL は金の糸に触れた時，語り始めます。時には黙る人もいるので，その場合は沈黙を尊重します。CC は CL をケアする気持ちで共感しながらストーリーについて行きます。CL の語りを聴く CC がそこにいるという存在が重要です。
CC29	ええ。		
CL29	だから，この，女性の支援という仕事は，ずっとずっと，続けていきたいと思っています。	強固な決意。	語ることで未来を構成する。
CC30	それで，あなたは，どうしてこの仕事をしているか，わかっていますか？		「捉われ」が現在の「仕事」になっています。
CL30	え？　私が，なぜこの仕事をしているかって？	質問に戸惑いましたが，信頼関係があるので嫌な感じはしません。	しかし CL はまだ実感していません。
CC31	そうです。		
CL31	ええっと……。私は皆に幸せになってほしいから。	問われて，考え始めました。	

	逐語	CL の気持ち	解説
CC32	ええ。たとえば私があなたに魚をあげたとして。		CL の気づきを促進するために「教育」の意味をメタファーで伝えています。
CL32	魚を？		
CC33	1日で食べてしまいますよね。でも，どうやって魚を釣るかを教えたとしたら？　一生魚を食べていけるでしょ？		メタファーの展開。
CL33	ああ，なるほど。		
CC34	そう。		
CL34	お金もなくなってしまう。魚も同じ。でも，教育があれば。どうやって魚を捕まえることができるかわかれば。そういうことですね。	キーワードである「教育」と，現在の仕事が繋がって，大きな驚きを感じています。	
CC35	女性たちに，どうやって自分で魚を捕まえるかを教えることが，彼女たちの身を守ることになるんじゃないですか。		「守る」をまた登場させて，「教育」という言葉との関連性を探求します。
CL35	そうです，自分で捕まえることができれば。	私がやっている仕事は，これなんだ！という確信。	
CC36	ビューティフルですね。		CL を賞賛しています。
CL36	このストーリー，最高です。	感動！	CC と CL との理解の共感，急がないでここにしばらく留まる時間を取ります。
CC37	他にも何か話したいことがありますか？		
CL37	…（中略）…（もう1つの幼少期の思い出について語る）		

	逐語	CL の気持ち	解説
CL38	幼少期の思い出については，以上です。ただ，ロールモデルのキャラクターについて，もう少しお話したいと思います。1セッション目で話した映画の他に私は『スターウォーズ』も好きなのですが。主人公，ルークは孤児です。		第1回セッションの後 CL は内省を深めているので，ロールモデルについてもさらなる広がりが出てきます。CL はロールモデルに共通する特徴に気がつきました。
CC38	ええ。		
CL39	『ベイマックス』という映画も好きで，その主人公はヒロというのですが，彼も孤児なんです。それから，ハリーポッターも！		幼少期の思い出で得た一貫性が CL のロールモデルの中に見られる一貫性へと広がっていきます。
CC39	逐語録にマーカーをしたんですが。		CC は重要な言葉である「孤児」という単語に印をつけました。
CL40	ああ，それはキーワードなんでしょうか？		
CC40	ここに金の糸がありそうです。		何回も繰り返し使われる用語に CC は気がついています。それが何を意味するかは，このセッションの課題となります。
CL41	まぁ！	驚き。しかし，「孤児」という言葉と自分にどのような関係があるのかは，全くわかりません。	
CC41	「孤児」というと，何が思い浮かびますか？		孤児という言葉の意味が CL にとって何を意味するのか確認します。
CL42	うーん，可哀想。	問われて，考え始めました。	
CC42	可哀想。他には？		他には？ と意図的に聞いています。

	逐語	CL の気持ち	解説
CL43	悲しくて。孤独で。うーん，貧しくて。それから，チャンスを得ることが難しい。	さらに考えました。	
CC43	なぜ？		CL の自己理解を深めるための質問をしています。
CL44	なぜなら，守ってくれる両親がいないし，教育してくれる人もいないから。	理由を問われ，さらに考えました。	
CC44	守ってくれず，教育をしてくれない。		
CL45	うん。		
CC45	あなたの人生の中で，これまで自分を「孤児」のように思ったことがありますか？　可哀想で，悲しくて，孤独で，貧しくて。チャンスをつかむのが難しい，という状況になったことは？		孤児という言葉がCL にとって，どのような実体験になっているかを確認しています。経験だけではなく，認識，感情についても確認しています。
CL46	ああ，一番は，離婚した時ですね。でも，それより前，確か 13 歳の頃，中学 1 年生の頃ですが。すごく意地悪な女の子がいて，いじめられたことがあります。彼女はボス的な存在で，みんなに，「ハナに話しかけちゃダメ」と命令したんです。私は，その時，とても孤独でした。	何十年も思い出すこともなかった出来事が，思いがけず，心に浮かんできました。	CL はいつもの古い語りで離婚体験を語るのではなく，新しい視点から自分の人生を語り始めました。
CC46	悲しくて，孤独で。まるで孤児のように。		
CL47	ええ，そうでした。ほとんど，もう，忘れかけていたことですけど（笑）。		
CC47	ハリー・ポッターも，友達がいませんでしたね。思い返してみて，今，どう感じますか？		CL のキャラクターアーク（パーソナリティ）を生き生きと描くための材料を集めます。
CL48	当時，とても辛くて，希望がなかったと思います。		ここで初めて，CL のパーソナリティが語られました。

		逐語	CLの気持ち	解説
CC48		希望がない。		キャラクターアークが痛みをマスターして自分の強みに変えていくという信念があるので，恐れず，あえて痛みに触れています。
CL49		希望がありませんでした。		
CC49		あなたは今，皆にどうしているんでしたっけ？		主体的に行動する主人公としての自分に気づかせます。
CL50		え？	戸惑いました。	
CC50		受講者の女性たちに，あなたは何をしているんでしたっけ？ ハナは皆に希望を与えているんじゃないですか？		挑戦しています。
CL51		ああ，今ですね，そうです。希望はとても大事です。もしお金がなくても，希望があれば，生きていける。	驚き。ああ，そうだったんだ！ という強い納得感。	自分の傷つきが強みに変化しています。
CC51		ええ。どうですか？ 私が言ったことを聞いて，どう思いますか？		CLの感情に触れます。
CL52		だから，私は希望が大事って思うんですね。13歳のハナは，すでに，希望が持てないことが，一番辛いと知っていたからなんですね。	そうか，私は，知っていたのか……。13歳の自分と現在の自分がつながっていたということへの大きな驚きと感動。	CLのリフレクションが促されました。
CC52		希望がなければ，暗い気持ちになりますよね。		孤独感にもう一度触れます。
CL53		ええ，落ち込みます。		
CC53		孤立もしますよね。		CLは孤独の意味が希望に変化していることを，まだ強く実感していないので，もう一度，孤独のポジティブな面に触れます。

		逐語	CL の気持ち	解説
CL54		これまで，とても小さい頃のことを話し合ってきましたが，13 歳，というのも，すごく大事な年齢ですね。子どもから大人に成長していく，すごく大事な時期ですね。	あの時の体験が，今の私の仕事にも影響を与えているのか，という感慨深い思い。	ネガティブな 13 歳の孤独が今の仕事につながっていることに CL は気づきました。
CC54		そうです，影響がありますよ。		
CL55		ああ，影響が。		
CC55		10 代は，周囲からの影響をとても受けやすい時期です。自分はいったい何者なのかを探そうとする，難しい時期でもあります。残酷なことを言う子もいるでしょう。真実でないことも，信じ込んでしまうこともある。ハナ，社会は女性にどんなことを言っていますか？		ステレオタイプや文化がセルフに与える影響をアセスメントします。
CL56		家庭にいなさい，と。		
CC56		それから。		
CL57		家にいなさい，女性はか弱い，男性に助けてもらうことが必要，家で子どもの世話をしなさい。そんなふうに社会は言います。		社会からの期待とセルフとのやりとり。
CC57		そうですね。社会は女性に，限られた価値しかないと言い，将来はもう決まっているのだから，働く必要なんかない，と言う。それは，良くないことですよね。		セルフが，文化やステレオタイプであまりにも制限されたものであれば，再構成します。
CL58		ええ，良くないです。		
CC58		女性たちから力を奪うことになりますよね。男性がいなければ，生きていけない。だから，あなたにとって，「孤児」というのは，とても重要なのじゃないでしょうか。		CL へのエンパワメント。
CL59		ああ，だから，ロールモデルや気に入ったストーリーに，こんなに孤児が出てくるんですね。	自分にとって「孤児」というキーワードは，とても大事な意味があるということへの理解と納得感。	ストンと落ちる理解。

		逐語	CL の気持ち	解説
CC59		あなたは，社会からの孤児を支援しているんでしょう。本当の孤児でなくて。		孤児の意味が必ずしもその文字通りの意味でなく CL にとっては「弱者」という意味だったとわかりました。
CL60		ああ……孤児のような状況にさせられている人たちを……。		
CC60		そうです。どの主人公も，ストーリーも，同じような状況ですよね。納得行きましたか？		CL の納得度を確認すると同時に，強めています。
CL61		ええ，本当に，はっきりしました。どうしてこんなにたくさん孤児が出てくるのか，不思議だったんです。私は良い両親に恵まれて，孤児ではないというのに。たぶん13歳のときのことが大きいんですね。		
CC61		13，14，15，16歳ごろの4，5年というのは，とても影響を受けやすい頃ですからね。		
CL62		いじめられた思い出は，私の人生に大きな影響を与えているんですね。	辛い体験でしたが，それをバネにして，糧にして，今の仕事をしているのかもしれない，という思い。	CC は孤児の意味がさらなる発展があると予測しています。
CC62		そうですね。目には見えませんが，社会が誰かを孤独にしたり，大事でないと感じさせることはありますよね。ところで，1つ聞いていいですか？		
CL63		何でしょう？		
CC63		どうやってその状況を変えたんですか？	意外な質問に，非常に驚きました。	人生の戦略について質問しています。
CL64		私は作戦を考えたんです。どうやってこの状況を終わらせたらいいのかって。	しかし，答えはすぐに浮かんできました。	
CC64		ええ。		

		逐語	CL の気持ち	解説
CL65		13 歳のとき，私の人生はからっぽでした。友達はいない。誰も話しかけてくれない。絶対この状況を終わらせる！と強い意志を持ちました。2 つの案を思いつきました。1 つは，とにかく，何も返事をしてくれなくてもいいから，自分から話しかけてみようって。おはよう，とか，こんにちは，とか。話しかけられた子たちは，困ったような顔をすることもありました。ボスからハナと話しちゃダメって言われているからです。それなのに，私が話しかけたから困っていたみたいです。でも，私はかまわず話しかけ続けたんです。それが 1 つめの作戦です。13 歳の私が考えたアイデアです。	当時の気持ち，思いが強く思い出され，CC に夢中でストーリーを語りました。	CL の過去のいじめられたという体験はすでにポジティブな体験に変化しています。CL は，生き生きとしたパーソナリティを持って，意図的に戦略をもって生きています。
CC65		OK。		
CL66		もう 1 つは，一生懸命勉強することです。成績がどんどん良くなって，とうとうクラスで 1 番に近づいて行ったんです。そうしたら，皆が，ハナって勉強ができるね，と。この 2 つの案はうまくいきました。14 歳になる頃には，辛い状況を終わらせることができたんです。		語ることで意味を構成している。
CC66		素晴らしい。		
CL67		私の作戦はうまくいきました。		
CC67		ええ。		
CL68		うまくいって，その後も私は一生懸命勉強することを続けました。それで，希望する大学に合格できました。		
CC68		ハナ，あなたが今，女性たちを支援していることを考えてみましょう。いつか話してくれましたよね。女性たちが，あなたの講座を終えるときには，プランを持って帰るって。キャリアプランを。		解釈ではなくて，CL が以前話した言葉をそのまま返しています。
CL69		ああ，そうです		

	逐語	CL の気持ち	解説
CC69	キャリアプランというのは,つまり,作戦ですよね？		作戦という言葉が繰り返し使われ,その意味の連続性を探ります。
CL70	ああ,そうですね。作戦です。どうやったら,困難な状況を乗り切れるか,という。		
CC70	13歳のハナは,とても素晴らしいと思います。13歳の女の子が,その辛い状況に留まることをしなかった。すごく強いパワーを持っていたのでしょうかね。		共感の表明。
CL71	うーん。その時は,誰も私を助けてくれる人はいませんでした。自分で考えて,自分で行動しました。		
CC71	孤児は誰も助けてくれる人がいませんよね。ハナ,あなたは2つの道のうち,1つを選べたはずですよね。1つは,悲しくて,孤独で,暗い気持ちでいるという道。そうして,もう1つは,勇気を出して,自分から話しかけるという道。	まさに,孤児と同じ状況だったことが思い出されました。	重要な言葉をつなげて,一貫性のある物語として語る援助をしています。
CL72	そうですね。		
CC72	話してはダメ,と言われている人たちにね。そして,大事なことは,ただ単にそういう行動を起こしたというだけじゃないことです。作戦があったということ。		「作戦」を黄金の糸としてマイクロ・ストーリーをマクロ・ストーリーとして統合します。
CL73	作戦,そうですね,作戦。		
CC73	あなたは,女性たちの話を,ただ聞いているだけじゃない。聞くことだけでは,本当の支援にはならないですよね？　皆,プランを必要としている。作戦が必要なんです。そして,あなたは,それを知っているんじゃないですか？	CC の言葉を聞いて深く納得。非常に言い得ていると感じました。	CL が無意識で行っていることを意識化する援助です。CLのエンパワメントにつながります。
CL74	いつも女性たちと一緒に作戦を考えています。何があなたにとって,一番いいプランでしょうね？　それを一緒に考えましょうって。		

	逐語	CLの気持ち	解説
CC74	CLがオフィスを立ち去るときには，CLはどんな気持ち？		感情を探求します。
CL75	希望。私も。	私のCLも希望を持ちます。	
CC75	もし話をするだけだったら，最後に何も残りませんよね？　ああ，いい時間でしたね，お話できてよかったです，と。とても良いお話でした，と。でも，その後，「さて，どうすればいいんだっけ？」と困りますよね。		CLが日頃していることは，単なる日常会話ではなくて，希望と作戦を授けていることだと気づかせます。
CL76	ああ，そうですね。		
CC76	あなたがしていることは……。		
CL77	希望と作戦。	またこのキーワードが出てきたことに驚き。すべてが繋がってきた！と感じます。	
CC77	作戦です。女性たちは，話をしに来るけれども，最後には作戦を必要としているんです。		
CL78	そうですね。		
CC78	希望を持つには，作戦が必要。		
CL79	両方大事ですね。		
CC79	良い作戦が，希望が生まれるということです。		希望と作戦の意味がつながる。
CL80	ああ，作戦があって希望が。		
CC80	さて，それでは伺いますが，あなたの次の作戦は何ですか？		「作戦」の未来へのつながり。
CL81	次の？…（中略）…（CLは未来の作戦について生き生きと語ります。CLは語りながら未来を自分のものにしていきます）		
CL82	大変な気づきがありました！	CCに語っているうちに，大きな気づきが生まれました。	ここでCC23での指摘が，初めて実感となっています。
CC81	どんなことですか？		

	逐語	CL の気持ち	解説
CL83	3歳の時，お母さんを守りたくて，大きいおじさんに噛み付きましたが……。		
CC82	ええ。		
CL84	今の私は，「クライエントを守りたい」のだと気がつきました。	幼少期の思い出と現在の仕事が繋がって，大変驚きました。そして，嬉しくなりました。「ああ，だから今私はこの仕事をしているんだ！」という大きな納得感。「自分はこれで良いのだ」という肯定感。	捉われ(preoccupation)が職業(occupation)となる。
CC83	クライエントを守りたい。それは凄い気づきですね！		CL の気づきという自然のプロセスを尊重する。
CL85	3歳のハナと，現在のハナが，完璧につながったと思います！	人生の最初の頃に，私はいろいろなものを，取り込んできたのですね。小さいハナはそのまま，今も私の中にいるのですね。おじさんに噛み付いてお母さんを守った自分。大人になって，女性たちに希望と作戦を与える仕事を選んだ自分。これからは CL を守っていく，という確かな道が見えてきました。	過去と現在とのつながりが，未来へのつながりへとなります。

3．セッション2を終えてのクライエントの思い

以上の原稿を書き上げて，ハナさんは以下の感想を述べています。

セッション2は，自分の人生と真剣に向き合う時間になりました。

カウンセラーは真摯に私の話に耳を傾けてくれました。そしていろいろな質問で私を刺激し，「こういうことでは？」と投げかけてくれました。投げかけられた

ことに対して考え，違うと思う部分は自分の言葉に置き換える，というやりとりを繰り返し，少しずつ，一貫するストーリーになっていきました。「カウンセラーと共に」ストーリーを作っていったような感覚です。

セッション1は，5つの質問に答えていくというシンプルな構成でしたが，セッション2は思いがけない質問やハッとするような問いかけがあり，知らず知らずのうちに，カウンセラーと共に深く自分の根っこに降りて行くような作業でした。最後には，過去の自分と現在の自分がつながり，この先の未来をも見通すことができ，具体的なアクションプランにまで話は及びました。

セッション2を受けて，すでに3年が経過しています。私はセッションの中で語った「作戦」を，ずっと実行し続けています。勉強し，そして人に話しかける。無意識のうちに，これまでの人生の中で繰り返し，その作戦を使ってきたことに思い至りました。気付いていませんでしたが，CCIを通じて，意識して使うようになりました。自分の人生がとてもクリアになったと感じます。

その後，サビカス博士からオハイオでトレーニングを受け，現在は，CCIを女性のキャリア支援に活用しています。ありたい自分と社会からの役割期待の間で自分自身が見えなくなってしまった女性達のサポートにCCIは大きなパワーを発揮してくれています。

これからも私は，孤児のような孤独で助けてくれる人がいない立場に置かれている人を「希望と作戦」で支え，守ることを職業とし，「私の人生」を生きています。

〈水野の解説〉

ハナさんは，セッション1が終了してから何度もそのセッションを振り返り，内省を続けていました。ケビン博士によるセッション2の内容は，読者にとってはある意味ではサプライズでしょう。セッションで自己に対面して，自己知識を深めてハナさんは，ケビン博士からの数回の介入を経験しました。

まず，ハナさんの行動を構成する動詞である「直す」「守る」の特定です。次に，「勇気を持つ」「決断する」です。カウンセラーは，それらを精緻化（elaboration）してハナさんの人生ストーリーの中に組み込まれた力強い意味としてハナさんにもう一度投げ返します。それを受け取ったハナさんから，さらに深い洞察が生まれてきます。このような協働してストーリーを構成していくやり方に注目してください。

ハナさんの人生の根底に横たわるいわば捉われ（preoccupation）が職業として構成されていくというプロセスが，ハナさんとカウンセラーに共有されています。

突然に「教育」というメタファーが登場します。「守る」という言葉からの未来への展開です。過去から現在，そして未来に繋ぐメタファーがカウンセラーの洞察によってもたらされます。教育は，女性を守る方法でもあります。

　博士は，ロールモデルと捉われとの関係性について示唆します。ハナさんの発話に繰り返し何回も出現する「孤児」というテーマについて指摘します。ハナさんの「捉われ」は，いくつかの小さいストーリーに共通している人物が「孤児」に関連するという洞察が生まれてきます。「孤児」という表現をハナさんの人生の文脈でどのような意味があるかを精緻化していきます。そして，「孤児」がネガティブな意味ではなく，希望につながっていきます。「孤児」というのは，弱者へのエンパワメントという意味に転換します。

　それは，ハナさんがすでにしていることでもあり，未来にも発展していく取り組みでもあります。カウンセラーは，孤児をポジティブに未来へ位置づけます。過去の経験が現在につながり，それが未来に発展します。意味の一貫性が確立します。

　博士は，意図的にハナさんを未来へ運びます。今していることは，ハナさんの作戦だと指摘して，大きく焦点化して取り出します。つまり，ハナさんが無意識でしていたことが，作戦となり，意識的にハナさんが人生の課題に取り組めるようにエンパワーします。それが，大きな気づきとなり，クライエントにストンと落ちます。自分はこれでよいのだという受け入れと肯定感が生まれ，3歳のハナ，現在のハナ，未来のハナが完全につながりました。

　ケビン博士のカウンセリングは，無理なく自然に実施されています。クライエントとの信頼関係の構築，共感が基礎となり，時には挑戦してクライエントを刺激しています。根底には，キャリアデザインカウンセリングのプロセスの信頼と，そのプロセスのどこに今いるのかを正確にアセスメントして発言していることに注意してください。最終的には，ライフデザイン・カウンセリングでの質問は，すべて一貫する意味やストーリーとして構成されていきます。

　最後に，冒頭の質問に注目してください。ハナさんは，面接の冒頭で，自己理解を深めることでクライエントに役立たせたいという発言がありました。博士は，終始，冒頭の質問を意識して，その解答を追いかけています。

　ライフデザイン・カウンセリングの第2セッションは，普通，第1セッションの面接からライフポートレートを作成して，それをクライエントにフィードバックしながら，ストーリーを構成，脱構成，共構成しながら進めていきます。ケビン博士は，ライフポートレート作成と面接による情報の収集との中間面接をしたことになります。ところが，カウンセラーとして優れているケビン博士は，面接

中に介入をしています。このような実際を知るとびっくりされる人が多いと思います。ライフデザイン・カウンセリングは，出来上がった質問を機械的にするわけでないことを知ってください。ライフデザイン・カウンセリングは，生きた人間の個性や文脈を尊重して，それぞれのクライエントに合わせてデザインするカウンセリングでもあります。

第8章

ライフデザイン・カウンセリングの実際2： キヌさんのケース

——第21回日本産業カウンセリング学会（2016年） でのライブカウンセリング

浅野衣子，ケビン・グラービン，水野修次郎 山之内悦子（通訳）

　ケビン・グラービン（Kevin Glavin）博士は，（一社）日本産業カウンセリング学会と日本キャリア開発研究センターの共同事業による招聘で，2016年に来日しました。その際，ライフデザイン・カウンセリング実演でのボランティアのクライエントがキヌさんでした。ケビン博士は，この時の体験を9章でも触れていますので，そこを参照してください。通訳は，山之内悦子さんで，長野国際映画祭などで通訳や，カナダ在住でプロの通訳の育成などしている通訳者です。カウンセリングの実際が通訳を介して実演できるのも，山之内氏の貢献が大きいです。通訳を介してカウンセリングが始まりました。

　読者に注意していただきたいのは，キヌさんのケースは個人的な内容が含まれていることです。冒頭のケビン博士の注意をよく確認してください。そこで，この章は，キヌさんに編集をお願いいたしました。キヌさんは，録音の再生と逐語の作成，感想の記述をしていただきました。キヌさんのおかげで，ライフデザイン・カウンセリングの実際を知るための貴重な資料となりました。キヌさんに，この資料をまとめていただき，さらに内容を確認して発表を認めていただきましたことに感謝いたします。

1．ライブカウンセリング（セッション１）の面接逐語記録

　キヌさん作成の逐語，キヌさんの気持ち（CL），さらに右のコラムに編者が書いた解説を記載します。参考にしてください。この実演は 90 分続きました。通訳がついているので，多少時間がかかりました。

	逐語	CL の気持ち	解説（水野）
CC1	それでは，これから，この仕事の最も面白い部分，興味深い部分にお連れ致します。今日，クライエントのボランティアをして下さるのはキヌさんです。ここ数日間，キヌさんにはとっても美味しいお昼ご飯を用意して頂いて，とてもお世話になっています。やっぱり美味しいお弁当を食べるとやる気が出ます。	私の行動を見ていてくれていたことがわかり，ちょっと嬉しかった。	ボランティアとしてクライエント役を志願したキヌさんとの信頼関係の構築をする。
CC2	先ほど会場の担当から皆様には，このセッションというのは，とても個人的な内容に触れますので，録音はやめて下さいというお話がありました。それはその通りです。しかし，キヌさんのために——こういうセッションで話をしたことっていうのは，だいたい半分くらい忘れてしまいがちなので——こちらで録音しておきます。	デモンストレーションとは言え，私のための時間であることが表明され，大切にされている実感があった。	録音は CL のためにするもので，CC の所有物ではない。信頼関係を構築する。
CC3	今夜はホテルに帰りましたら，この録音をキヌさんにそのリンクをお送りします。オーディオファイルをダウンロードして頂くことができます。		キヌさんが録音をどう使うかは任される。
CC4	はい，それであの，１週間，１カ月先になってから，あの，聴くことになるかもしれません。すぐには聴きたくないかもしれません。けれど，数年経った時に，やはりこの録音があったことは良かったなと思われるのに違いないと思います。…(中略)…キヌさんには，ボランティアのクライエントになって下さってありがとうございます。		これは実演なので，聴衆との関係性もここで構築する。

	逐語	CL の気持ち	解説（水野）
CL1	私も，なんか，ドキドキはしてますけど，今ドキドキとワクワクと両方。		
CC5	私もです。キヌさん，1番最初に伺いたい質問ですけれども，今日は，どのような形で私はお役に立てるんでしょうかね。	「お役にたてるんでしょうか」の言葉にセッション終了時にどのようになればよいかを真剣に考えた。	CC は CL のドキドキするという気持ちを共有することで承認する。
CL2	はい，私は 15 年前に，キャリア・カウンセラーとして独立をしました。それで，その時に，自分の目標，キャリアゴールっていうものを考え，ワークライフバランスもスケジュールしました。でも，15 年やるうちにいろいろ経験して変わってきました。特に，今年の 4 月から 6 月にかけて。私は母と二人で住んでいるんですが，母は 90 歳で，肺炎になりました。母をケアしないといけない。でも仕事もあるし，仕事のために自分が学ばないといけない時間も必要で。そのうえこの世界で仕事をしていると，ドンドンといろいろな役割が回ってきます。そこで，そのゴール自体も考え直さなければならない時期にきているな，とここ何カ月かを過ごしてきました。母は今元気なんですけど，ワークライフバランスも考えないといけなくて，今，本当に忙しくて，今考えないといろいろ後悔しそうな気がしていて。今何を優先するのか，そしてこれからゴールが最初の 15 年前に考えていたゴールとどう違っていくのかということを考える手がかりが欲しいと思っています。	最近何となくモヤモヤしていた気持ちを語り始め，何にモヤモヤしていたのか語ることで，モヤモヤの中身が自分で明確になっていくのを感じていた。	キヌさんは，転機の話をする。自分で思う自分と役割とのズレについて語る。ゴールの見直しが必要になる。
CL3	私はとてもタイの国が好きで，タイに友達もいます。タイでは多くの日本人が働いています。好きなタイの仲間に囲まれながら，日本人の働く人たちの役に立つカウンセリングだとか，サポートがしたいと。		CL は自己の語りをストーリーとして構築していく。

	逐語	CL の気持ち	解説（水野）
CC6	ちょっとご説明しておきます。私がもう気が狂ったように必死で書いているのをお気づきかと思いますが，おっしゃることの中に，何かパターンを見出すために全部なるべく書かないといけないんですね。なので，いつでも読んでみたいと思ったらお見せしますけど，きっと判読できないでしょう。……15年前に設定されたゴールというのは，タイに行って，そこで，働いている日本人のカウンセリングをしたいということだったと思う，であったけれども，お母様のご病気とかそういうことで，ゴールをもう一回考え直さないといけないと，そう考えておられるということでしょうか。	CC が,私が語ったことを言ってくれることで，どのように伝わったかを私が確認することができた。	CCI は面接中にクライエントの語りのメモをとる。使用頻度の高い用語とか，特色のある表現に注目する。
CL4	少しそこは違っていて，母が亡くなったあとに，私はひとりでタイに行こうと思っていました。15 年前で，何が違って，今違ってきたかというと，日本で今，キャリア・カウンセリングが，まだまだ，働く人たちの役に立っている，働く人たちの役に立つ，なんていうの，広がりが無い。そこで私は，キャリア・カウンセラーの日本の仲間たちの勉強するサポートをしたりすることが多くなって，すっかりタイに行くということが，何か結びつきが無くなった感じがしているんです。	CC6で私に質問してくれたことで違っていることを違うといいやすかった。	CL は話しながら，自分の今の課題を再確認しているのを CC は表情を見ながら意味の確認をする。
CC7	ということは，かつて設定したゴールを見直して，もしかしたらこの先も日本で働いていくかもしれないといったような見直しをしたいという感じなんでしょうか。		理解の確認をする。
CL5	そうですね，見直しをしたいし，どっちに行くのが自分にとって本当に行きたいんだろうか，ということが混乱しています。	CC6での確認の質問がきっかけで，この場をどのようなものにしたいか，目標が明確になった。	ここで，冒頭の目標の設定をする。これが面接の契約となる。

	逐語	CL の気持ち	解説（水野）
CC8	ありがとうございます。ここに今書いたことは，どっちの道をこれから行くか，という言葉ですよね。それが私たちの間の契約のようなものになります。それで，このインタビューの最後にこの言葉に戻って，どっちの道を行くかということを考える上でこのセッションはどのように役に立ちましたかと伺います。ありがとうございます。	始まる前は，私の状況をわかってもらえるかどうか不安を持っていたが，「どっちの道に行くかを考えることが契約であり，セッションが終わった時に立ちかえるところというのが明確になったことで，ホッとしていた。	
CC9	それではロールモデルの話を始めましょう。5歳から7歳くらいのこと，時に，誰かこうなりたいと思うような規範となるようなロールモデルは誰でしたでしょうか。ヒーローやヒロインでもいいです。		すみやかに第1の質問に移行する。
CL6	はい，ひとりは「リボンの騎士」という漫画のキャラクターですね。		
CC10	どんな人でしたか，主人公は？		
CL7	主人公は，あるお城の王女として生まれるんですね。サファイア。		
CC11	まあ，いい名前ですね。ではサファイアについてお話ください。		大切な話を聴いたと伝える。
CC12	(CLの話を聞いて)いい話ですね。今このお話をして下さるにあたって，すごい熱を持って話して下さって，それが良かったです。それは伝染します。今のお話，私はとってもいいなと思ったんですが，サファイアを形容するにはどういう言葉がありますか？	「いい……」と言われるたびに，話していることを承認してもらえているようで安心し，楽しくなってくる。	
CL8	かっこいい。		最初の形容詞。
CC13	かっこいいというのはどういうことですか？		意味を探求する。
CL9	女性でありながら，敵に向かっていく姿がかっこいい。		
CC14	その他に，どんな形容ができますか？		

		逐語	CL の気持ち	解説（水野）
CL10		えー，繊細で優しい。そしてかわいい。	語りながら，優しくて，かわいくて，かっこいい，ということが私のあこがれなんだなと思っていた。	複数の形容詞が出てくる。
CC15		一番好きなところはどこですか？		彼女の「好き」に質問を変化させる。
CL11		女性でありながら，戦っていくところ。	自分もずっと何かと戦っている感じが心をよぎった。	
CC16		ありがとうございます。それでは，2番目のロールモデルについてお話ください。		第2のモデル。
CL12		えーと，『鉄人28号』というアニメーションがありまして。		
CC17		それのどこが好きでしたか？		モデルのどこが「好き」？
CL13		やっぱり悪をやっつけるところ。でも彼は，彼はというか鉄人28号はロボットなので，それをコントロールするリモコンがあるんですね。そのコントロールするリモコンを，悪い人といい人が奪い合いをするんです。たぶん私は，そのコントローラーを取るいい人に憧れてるんだと思います。		
CC18		ロボットをコントロールしたいんでしょうか，キヌさんは。		コントロールの意味は？
CL14		うーん，悪いやつをやっつけたい。		
CC19		じゃあ，鉄人28号を形容する上で，どういう言葉を使いますか？		形容詞に注目。
CL15		強い。		
CC20		強そうですね，いかにも。	「強そうですね」と言われて，それだけではない，ということが言いたくなった。	言葉の表現の仕方にも意味がある。強いの意味は？
CL16		でも，平和を願っているので優しい。		
CC21		3番目のロールモデルは？		

	逐語	CLの気持ち	解説（水野）
CL17	祖母です。なぜ涙が出てきているか，私にはわからない。	おばあちゃん子だったので，祖母のことが大好きで思い出が一気によみがえってきた。	身体言語に注目。
CC22	大丈夫です。わからなくても大丈夫です。でも，涙というものはいいものです。		涙を受け入れる。
CC23	じゃあ，おばあさまはどんな方でしたか？		
CL18	優しい人で世話好きでした。		
CC24	世界には優しい人も世話好きな人も，いっぱいいると思うんですけど，おばあさまが特別な人であるというその理由は，何が特別でしたか？		感情に言葉を与える。
CL19	いつも，祖母の周りには人が集まるんです。それは祖母の働きかけだと思うんですけども。私は京都に住んでいます。祖母のルーツが岐阜県という田舎の方です。で，田舎から街の方に出てきたい人がたくさんいます。私の小さいときは，その田舎からたくさんの若い人たちが，いつも，いつも3人か4人，うちに他県からの学生が下宿してました。…（中略）…	祖母の周りにはいつも人がいた。祖母の自然な振る舞いが人を惹きつけるのにあこがれていた自分がいることを感じながら思い出を話していた。	「いつも」に注目。
CC25	えー，とてもいいお話ですね。この例から，おばあさまについてどういうことが言えると思いますか？		「とてもいい話し」と承認する。
CL20	惜しみない愛情。（うん）	祖母について「惜しみない愛情」という言葉を使ったのは初めてでした。祖母が亡くなってからも祖母の「惜しみない愛情」に包まれている感じがしている。	本当に言いたい表現が見つかる。

	逐語	CL の気持ち	解説（水野）
CC26	利己心の無い，惜しみない愛情。なんという素晴らしいおばあさまだったんでしょう。	「惜しみない愛情」やその他の形容詞は，ケビン氏の質問によって引き出された感じがしている。	CL の言葉を繰り返す。
CC27	あの，私のことを信用して，おばあさまのお話をして下さってありがとうございます。		ケアを言葉にする。
CC28	それでは，2番目の質問に移る前に，なぜこのような質問をしたかというご説明をしたいと思います。今あのー，サファイア，『リボンの騎士』とそれから『鉄人28号』，そしておばあさまのお話をして下さいましたが，このロールモデルというのは，そういう他の人であると同時に，キヌさんご自身なんです。で，そこにもうテーマははっきり出ています。皆さんもそれが見えていると思いますし，キヌさんも見えていると思います。あのー，でも念のため，あのー，私が見えるものを今から読んでみます。もしもキヌさんのことをよく知る，たとえばタイの，あのーとても親しいお友達などに，キヌさんは次のような資質をもった方ですか？と，私が聞くとしましょう。キヌさんは，かっこよく，で，敵に立ち向かい悪に立ち向かう人であり，また，繊細で優しく可愛くそして惜しみなく人に愛情を注ぐ世話好きの人である。	CC28でまとめてくださったような人になりたいと思いながら，そうなれていないことを知っているので，今の悩みがあるように感じていた。	CC は書き留めてメモを見ながら話を進める。要約をする。ロールモデルが実はキヌさんのパーソナリティを表すと指摘する。
CL21	そうありたいとは思うけど，そうなってないところがたくさんあると思います。		CL はそうなれない自分を語る。

	逐語	CLの気持ち	解説（水野）
CC29	まだ，でも，これから身につく資質かもしれないですね。えー，ロールモデルというのはその人が今そういう人であるということを示すだけではなく，こういう人になりたいという，そういう資質を持った人でもあります。で，えー，もしも今おっしゃったようにそれが全部まだすべては身についていないというふうに，考えておられるかもしれませんが，今言ったような資質を持つ人になりたいと思っているのかな，と思います。		CLは遠慮して，そうだとは言えない。そこで，少なくともそうなりたいと思う自分を肯定する。
CC30	今，あのー，私が読み上げたいろいろな資質の中で，まだ身についてない部分というのはどこだと思いますか？	「身についていない部分」を問われて，本音を語ることができた。	キヌさんが主人公として生き生きと語り始める。
CL22	強いところと，惜しみない愛情というところが，まだ，身についてないというか。惜しみない愛情ではなく，「もうやだ」って思う時があるので。		「もうやだ」と思うのは？
CC31	疲れるわけですね。		
CL23	はい，疲れる。		言葉になった。
CC32	つまり，無条件の惜しみない愛情を出し続けるのは疲れるということですね。	最近とても疲れている自分がいるのを感じ，今のしんどさがどこから来ているのかが何となくわかった気がしてきた。	疲れるという言葉がCLに聞こえるようにする。
CL24	疲れます。		
CC33	あの，愛情を出しているなんていうことは思っていません。やりたいからそれをやる，何か誰かにしてあげたいだとか，そういうことはいつも思います。でも，時々，いろいろな，あの，出来事に出会うと，とっても疲れる。		愛情の表現の複雑さと。愛情と出来事との関連。

	逐語	CLの気持ち	解説（水野）
CC34	今，今まで，キヌさんとの，あの数日間での体験ですけれども，おばあさまが他の方たちの世話をすごくしたとおっしゃいましたが，キヌさんは私の世話をずっとしてくれました。1日目，お昼を持ってきて下さいましたね，ありがとうございました。興味深いことは，私から見るとあの行為は，愛情を注いでくれたという感じだったのですが，キヌさんにしてみれば，そんなことは何でもないことだったんでしょうか。	世話をするのが嫌ではない，無理して世話をしているのではないことがわかってもらえて嬉しい気持ちがしていた。	ロールモデルの特性を現在のキヌさんと関連付ける。
CL25	はい，その通りです。		
CC35	なぜこういうことを，言ってるかといいますと，キヌさんのような世話をしてくれる人なしでは，先日，私がクライエントに対して行ったような仕事ができないからです。ですから，あの仕事は私がひとりでやっていたのではなく，キヌさんも一緒にやっていたのです。	肯定して，認めてもらえて素直に嬉しい。	キヌさんの人柄を表現して，それをキヌさんに返す。
CL26	ありがとうございます。		キヌさんに共感が届く。
CC36	定期的に読んでいる，あるいは好きな雑誌やTV番組はありますか？		
CL27	今一番好きなTVの番組で「こんなところに日本人」という番組があります。		
CC37	それは何についての番組ですか？		
CL28	はい，えーと，外国の奥地で，活動しているたった一人で活動している日本人のところに，芸能人が訪ねて行って，そこでその人にインタビューをするという。		
CC38	どこが好きですか？	この質問がきっかけでなぜ好きなのかを自分に問いかけていた。	好きですか？　と問うことで，この質問の答えが豊かになる。

	逐語	CL の気持ち	解説（水野）
CL29	その番組を見ていると，自分がいけない場所に行けた気分になります。そして，そこで頑張っている日本人の話をきくと，いろいろ世の中には頑張っている人がいるんだな，と思って。そんなところが好きです。		
CC39	頑張る……どんなことに頑張っているんですか？	この質問をきっかけに頑張ることの意味を自分に問いかけていた。	頑張るという意味の明確化。
CL30	その番組を見ていると，自分が行けない場所に行けた気分に。そこで頑張っている日本人の話をきくと，いろいろ世の中には頑張っている人がいるんだな，と思って，そんなところが好きです。		
CC40	面白そうですね。	この何気ない一言で，私の話に興味を持ってくれていることがわかり，温かい気持ちになれる。	CC は「面白そう」と発言し，かかわりと話への関心を示す。
CC41	それじゃ，2つ目はなんでしょう。		
CL31	2つ目は，もう終わった番組なんですけど，「ドクターX」というドラマがあります。で，主人公は女医さんなんですけど，フリーランサーのドクターなんです。で，手術が大好きなんです。日本のお医者さんは，規律正しい中で，彼女はやりたい仕事，自分がしたい仕事をして人を助ける。	やりたい仕事で人の役に立つところが好きで，自分もそんな仕事がしたいと思っていることを感じながら話していた。	CL と同化されているもう一人のキャラクター。
CC42	つまり，医療システムというものは，ちゃんとした規律があって，型にはまっているところがあるけれども，その中で自分がやりたいことをして，人助けをするということですね。		ストーリーとして一貫性をもつように言い換えをする。
CC43	いっぱいメディカルもの，医者もののドラマってありますよね。これがなぜそんなに好きなんですか？　この医者がどうして？		CC は率直に理解できないことを質問する。

		逐語	CLの気持ち	解説（水野）
CL32		日本の中の医療システムだけかもしれませんけども，偉い先生がいて，下の先生はイエスマンみたいで……というようなイメージがあります。でも，主人公の彼女はイエスマンじゃない。彼女は卓越したすごいオペのスキルを持っていて，で，彼女がいつも「私は失敗しませんから」って言うんですよ。で，そんな手術はできないだろうってボスが思っていて，で，イエスマンたちは手伝わないんですね，彼女の手術を。でも，彼女はちゃんとオペをして手術をして人を助ける。	イエスマンで行動することが私の最も嫌うことを感じながら話をしていた。	CLが語るストーリーに注目。イエスマンでない主人公。
CC44		わかりました。もうひとつ教えてください。		
CL33		えーと，あとは，鶴瓶の「家族に乾杯」という番組があります。いろいろな家族の話をきく番組です。		
CC45		もう少し教えてくれませんか。		促しをする。
CL34		あの，この番組もまたいろいろな地方に行って家族に突然インタビューをするものなんですが，あちこちの場所が見れるというのが好き。それと，それぞれの家族のストーリーをこうテレビ番組を通してみると心が暖かくなります。	話しながら，知らないところへ行って，新しいものを見たり聞いたりするのが好きなのだなと，思っていた。	話すことでストーリーを構成する。
CC46		ありがとうございます。それをきいて私の心も暖かくなります。		「心が暖かくなる」
CL35		言葉も文化も違うからこそ，私はタイも好きですし，タイ語は少しできますけど，英語できないんだけど，タイ語は少しできて，タイの文化も理解はできます。でも，日本人の人たちは仕事で行くので，短い期間でいろいろそこに誤解が生まれるんですね。		ロールモデルと現実のキヌさんとの関連性。
CC47		現地の人との誤解というのは，もう少し詳しくおっしゃって。		誤解の意味を明確にする。

		逐語	CL の気持ち	解説（水野）
CL36		たとえば，日本は，新入社員から入って，上にあがっていきます。でも，タイの場合はポジションの採用になるんですね。もっと具体的な例を出します。まずタイ人のキャッシャーのスタッフがいました。そのキャッシャーのスタッフは，ユニフォームを着替えるところがないので，その時に私が以前に勤めていた百貨店から——タイに合弁会社を出した時の話です——ユニフォームを着替えるところがないので，家からユニフォームを着てきます。キャッシャーは，キャッシャーの専門学校を出ないと，就けない仕事なんですね。		文化の違いに戻る。ストーリーの精緻化。
CC48		とても規律が厳しいんですね。		
CL37		私が勤めていた合弁会社は，日本のシステムを持ち込もうとしました。だから，みんな全員同じユニフォームを着せます。そうすると，キャッシャーの人たちは恥ずかしい。私たちは販売員ではない。でもそれを日本人の私の会社のスタッフは理解できなかった。そんな間を取ることが，もしかしたら私は，できるかもしれないと思い，まず最初，取り持つことができたかなと思いました。		文化の違いを理解してもらうために架け橋になるキヌさん。
CC49		「こんなところに日本人」ですかね。いんな，遠くに，僻地みたいなところに行って，そこでいろいろな話を聞きますね。あ，ごめんなさい，これは今まで話して頂いた，えー，テレビ番組の共通点ですが，いろいろなところに行って，そこで話し，ストーリーが語られ，ストーリーを聞きます。		いろいろなところに行ってストーリーを聞くという共通点にCC が語りながら気が付く。

	逐語	CLの気持ち	解説（水野）
CC50	今までのテレビ番組を見てますと，たとえばお笑いの人がいろいろな所に行って，話を引き出す。あるいは，テレビの番組のスタッフか誰かが，えっと，世界の各地，僻地に行って，そこで，頑張っている日本人の話を引き出す。そして，また，女医さんの話に関しては，人助けをする。えー，これを見て思うことはですね，これはどういう環境で働きたいかということを示唆するものなんですけれども，キヌさんの場合には，とても社会性が高い，ということが見受けられます。つまり，人々がストーリーを語るところにいるのが好きなんじゃないでしょうか。それをきくことによって，心が温まるから。		CCは共感を語る。CLの自己理解よりは，半歩先の理解を多少リスクがあるが提供する。クライエントが繰り返す言葉，話を引き出す，心温まる。
CC51	ですから，キヌさんにとっては，仕事の環境というのは，社会性が高いところである必要がありますね。ある厳しいキチキチと物事が決まっている制度の下にあって，何かすることが不可能だと一見みえても，キヌさんにとっては，それは不可能ではない。		重要な意味のある言葉，「自由」を引き出す。
CL38	不可能ではないようにしたい。私は自由に動き回りたいと思っている人なので。	私のこれまでの人生の中で「自由」に動けることが大切だと思って来ていたことと重なっていると思った。	今までのストーリーに一貫するテーマが自由。
CC52	そうですね。自由に動き回るということは，キチキチと決まった制度に縛られるということの反対ですものね。お医者さんもそうでしたね。女医さん。ここにいます。あの，ボスの言うこと聞かずに行ってやるんでしょう。	「ボスの言うことを聞かずに行ってやる」ってこれまでの仕事生活の中でよくあったことをCCが言ったことにちょっとビックリしていた。あまりにもその通りなので。	共通する意味を束ねる。自由という意味を探求する。
CL39	そうですね。あの，フットワークはたぶんいいと思います。		

		逐語	CLの気持ち	解説（水野）
		（第1回目の休憩と再開）		
CC53		それでは，今から40分くらいお話を伺って，それから5分か10分休憩をして，また続けます。		
CC54		今，一番気に入っている，本あるいは映画っていうのがありますか？		現在を強調する。
CL40		はい，少し前にNHKでやっていたドラマなんですけど。あの，「龍馬伝」というのがあって，その，龍馬というのは実在の人物で。江戸時代，日本は鎖国をしていまして。江戸時代を終わらせるのに，いろいろ頑張った坂本龍馬という人のヒストリーというか。		
CC55		じゃあ，あの，ストーリーライン，筋についてお話ください。		促し。
CL41		私にとって，歴史的なことが難しいので。だから，何をした人でどういうところが好きなのかということで語っていいですか？		龍馬の好きなところに焦点をあてる。
CC56		お願いします。		
CL42		日本は鎖国をしていました。で，長い間，徳川幕府という政権が300年続いたのかな。歴史的に，違っていたらごめんなさい。		
CL43		彼は，土佐，いまの高知県の，侍の家に生まれました。でも，彼は，藩から脱藩して。最初は，その日本が開国することが良くないと思っていたけど。でも，勝海舟という人に出会って。開国することがどんなにいいことなのかを知って。それでいろいろな藩の人を動かして，開国をするようになります。彼は途中で死んじゃうんですけど。暗殺されました。でも，彼の力もあって日本は開国することができました。彼の好きなところは，フットワークが良かったところ。	自由に動き回るフットワークの良さが自分の日常の志向と重なるのを感じていた。	フットワークという言葉を書き留める。
CC57		旅もしたんですか？	いっぱい。	旅行というテーマの再登場。

	逐語	CL の気持ち	解説（水野）
CL44	旅というか，自分の信念，思ったこと，正しいと思ったことのために，日本中をあちこち行って。彼は自分の正しいと思った，いいと思った考えのために，ブレずに，その想いで行動したところが大好き。その想いで，国自体が動いた。		「動く」という動詞に注目。
CC58	良く動いた。		
CL45	で，あのー，チェンジエージェント，て言ったらいいのかな？　改革の人みたいなところ。		変革
CC59	とってもいい話ですね。ストーリーをとても巧みに話して下さいました。とっても豊かなものがここにあります。で，今話して下さった筋書きそのものが，キヌさんの現在を表していると言えるわけなので，キヌさんは龍馬ですね。龍馬がその信念で自分の藩も国も動かしていって，そして変化を起こす人となった。これを考えると，今キヌさんが日本のどのドアを開けたいと思っているのでしょうか。	龍馬の変革の話が自分に向けられるということに驚いたが，確かに自分も動かしたいもの，変革したいことがあるので，何故変革したいものがあるのが CC には見えたのかに驚いた。	台本には，「動き」や変革が示唆される。
CL46	日本では，カウンセラーが，特にキャリア・カウンセラーが，まだまだ育っていません。で，カウンセリングなのか，あるいはコンサルテーションなのか，あるいは単なるお友達の相談なのかっていうところが，ごちゃまぜになっているところがあります。少なくとも，あると私は思っています。		現在と「動く」との関連を探る。
CC60	ごっちゃになっている，はい。それではいけないわけですね。		

	逐語	CLの気持ち	解説（水野）
CL47	そうです。それではいけないと思っていて。で，働く人にも役に立つという意味では，あのー，いろんな方法はあるとは思います。でも，キャリア・カウンセラーとしてちゃんと自分のアイデンティティを持つのであれば，ちゃんと学んで，プロフェッショナルなキャリア・カウンセラーがもっと育っていく必要があると思っています。		現在のCLの関心事に焦点をあてる。
CC61	スーパーバイズも受ける必要があるわけですね。		
CL48	そうです。でも，まだまだ日本では，スーパーバイザーも少ないし，スーパービジョンを受けるというような考えを持っていない人たちもたくさん援助職の中にはいます。		CLの現在の課題が表明される。
CC62	龍馬について，変革者である龍馬について話しておられるとき，えー，キヌさんご自身が変革者として話しておられるのではないでしょうか。	CCには私の活動を伝えていないのに，なぜCCは私が変革したいと思っていることがわかったんだろうかと不思議に感じていた。	ストーリーの舞台にはキャラクターアークが影を落とす。
CL49	多分そうだと思います。		
CC63	もし違ってたらおっしゃって下さい。今,「多分」とおっしゃいましたが，あの，確信はないという意味ですか？		
CL50	いえ，そうありたいと思っているけれども，まだまだ自分の力が足りていないので。実務者で指導を受けていない人たちを動かすこともできないし。指導を受けるということが，まだ日本では当たり前になっていないのです。その重要性を話したり，影響を与えるっていうことが，私自身ができていないのです。	質問をきっかけに自分が何をしているか，何をしたいか，また何ができていないのかについて語れるようになった。	龍馬から自分へ焦点がシフトする。
CC64	……ということは龍馬の話の筋というのが，キヌさんご自身の筋であるということも可能でしょうか。		龍馬とキヌさんの関連。

	逐語	CLの気持ち	解説（水野）
CL51	可能と思ってやっているのだけど，負けそうになる時の方が多いです。		ズレの表明。
CC65	「ドクターX」に戻りますと，覚えてますよね，不可能に見えることも可能ですよね。	負けそうになっているのに，「ドクターX」の話を出されると負けちゃいけないと思う私がよみがえってくる感じがしていた。	ロールモデルが問題を解決する。
CL52	そうですね。		
CC66	もうひとつ質問させて下さい。		
CL53	はい，どうぞ。		
CC67	お顔を拝見していると，すっごくこれが，キヌさんにとって，こう深いところから湧いてきていることだということを感じます。もっとこれ以外にも何かあるんじゃないでしょうか。この問題は，本当にキヌさんの心そのものに，繋がっているという印象を受けていますので，もう少しこれについて詳しくお話して頂けるだけの，ここは安全な場所であると感じておられますか？	深いところからの思いというのをきちんと聴いてもらえている感じがしていて，理解されていると実感できていた。	身体言語に言及。安全性を確認する。安全な環境でないとこれ以上の探求はできない。
CC68	それじゃ，もう少し。		
CL54	百貨店時代に戻るんですけど，百貨店時代に私は教育の部署にいました。その時に，私のボスから言われたことは，「売れる販売員を育成しろ」ということを言われました。あまりにも抽象的なことで，何をしていいかがわかりません。	私がなぜキャリア・カウンセラーの質が大切だと思っているのか，キャリア開発支援が大切だという思いを話したいと思った。	ロールモデルならばどのように解決するだろうか？
CC69	抽象的というのは？		
CL55	抽象的というのは，売るというテクニカルな部分は教育はしているけれども，女性の職場なので，いろいろな不満がたくさんあって，そのことが表情に出るので，あの，販売スタッフの。		何が問題なのかを明確化する。

		逐語	CL の気持ち	解説（水野）
CC70		その，不満というのは，もっと売らないといけないとかいうノルマを課されるとか，そういうことですか？		
CL56		うーん，たぶん，そのスタッフたちのボスとの人間関係とか。でも，私は，売れる販売員はテクニカルな問題じゃなくて，心から笑える，スマイル，笑顔が出る。		「本当のスマイル」
CC71		本当の？		本当の？
CL57		本当のスマイル。それは，働く意味を，スタッフたちが自分でわかった時に笑えるんだと思います。そこで出会ったのが，キャリア・カウンセリングというキャリアの理論だとかと出会いました。		ここで，CL の課題が言語化される。
CC72		ということは，そのデパートのビッグボスは，「ドクターX」で出てきたビッグボスみたいな感じだったんでしょうか。		
CC73		あんまり部下に対して，あの，いい扱いをしなかった，という意味では似てましたか？	その上司のことは嫌いではなかったし，むしろいい人だという思い出があるので，悪く言うことはできないし，したく無いと思った。何をして欲しかったという話はできると思った。	CL は過去の体験を自己に一貫するストーリーとして語る。
CL58		あー，えーと，具体的に，その時はあのー，私はまだもっと若かったので，ボスから欲しかった言葉は，何をすれば「売れる販売員」が作れるか，というヒントが欲しかった。		
CC74		具体的なアドバイス。		
CL59		具体的，そうです。でも彼は何もくれなかったし。		課題が言語化された。
CC75		でも，ドクターXと同じで，キヌさんも，どうしたらいいかわかっていたんですよね。		

	逐語	CLの気持ち	解説（水野）
CL60	わかってはいなかったけど，出会ったんです，キャリア・カウンセリングの考え方に。		出会いの意味。
CC76	でも先ほど，本当に販売員がたくさん売るには，心から笑える人じゃないと困る，という考えを言って下さいましたよね。それが，ドクターXも，とても難しい外科手術も完璧に行うこととつながるんじゃないですか。	何が必要なのかを私はわかっていたんだと再確認した。	ストーリーがつながる。
CC77	じゃ，次の質問に行きましょう。何か好きな格言はありますか？		自分に与える最高のアドバイス。
CL61	はい，龍馬さんが言った言葉なんですけど，人は，「人は何とぞ言わば言え，我なすべきことは我のみぞ知る」。何と言おうと，自分がやることは，自分がよくわかっている。		
CC78	それはもう完璧に合致しますね，キヌさんに。龍馬と同じに，キヌさんは，もう本当に深く目指している信念をお持ちです。正しいことは何か，何をするべきかをご存知だと思います。でも，どのようにすればいいかが，まだわからないでいる，という状態かもしれません。	いろいろな質問に答えることが，これほどまでに今の自分と繋がっているのかと驚いていた。	ここでマイクロストーリーがマクロストーリーに転換する。
CL62	そうですね。		
CC79	ドクターXは，難しい外科手術をする時に，手伝ってくれる他の外科医がなかなかいなかったということですけれども，キヌさんの場合は，このキャリア・カウンセリングを変革していく上で，一緒にやってくれる同志，仲間というのがいるのかな，と今思っているんですけど。		一貫するストーリーを語る。
CC80	でも，心の深いところで，他の人が何と言おうと，キヌさんご自身は何をしないといけないかをご存知ですね。	仲間はいるけれど，本当に一緒に活動してくれる人は多くないと思っていた。だから自分が動かないといけないとも思っている。	舞台へのその他の登場人物は？

	逐語	CLの気持ち	解説（水野）
CC81	5歳から7歳くらいの頃の，何かエピソードを覚えていますか？		
CL63	はい。私は，喘息を持っていて。寒い日とかは，外に出してもらえませんでした。でも，子どもなので，外に遊びに行きたい。いつもこっそり家を抜け出して。		「子どものころの思い出」の感情を追体験する。
CC82	もちろんそうでしょう。キヌさんのことですから。	「もちろん」と言われて，行動を止められない自分がいつもいることを実感していた。	「動く」という動詞から判断。
CL64	そしたら，祖母が必ず探しに来る。で，家に連れ戻されます。		
CC83	とってもいいお話です。子どもなのに外に寒い日は行っちゃいけないと言われていた時，どんな気持ちでしたか？		感情の探求。
CL65	うーん，つまらない。	応えながら，動けない，行動が取れない自分がつまらないし，もどかしいんだと思った。	
CC84	もう少しお話下さい。		
CL66	はい，あとは，遊べないし，もっと友達と遊びたい。それと，あと，元気になりたい。もし，喘息じゃなかったら，もっと遊びに行けたのに。	いつももっと行動したいと思っていたんだと再確認した。行動できないことが自分の辛さにつながるように感じていた。	幼児時代の捉われと現在との関係。
CC85	ということは，気持ちは，つまらない退屈していた，ということだけですか？　その他の感情は何かありましたか？		感情の探求。
CL67	今，今思うことかもしれないけど。おばあちゃんに申し訳ない。心配かけてるし。		

	逐語	CL の気持ち	解説（水野）
CC86	明日の朝，東京中の人が新聞を開けてこの記事を読んでくれるように，何か目立つ，タイトルを付けて下さい，見出しを。		
CL68	「キヌちゃん，逃走する」		捉われ
CC87	いいですね。とてもいいお話です。じゃあ，2つ目をお話下さい。	痛みを伴う話なのに「とてもいいお話です」と言っている。この言葉で話しやすくさせていると思った。	「とてもいいお話」で聴いている CL の存在が重要である。
CL69	はい，それも病気のことなんですけど。幼稚園に入る前，夜に足が痛くなったんですね。本当に痛くて，なぜ痛いかわからなくて。たぶん，朦朧としている意識の中で，私が覚えているのは蝶々が足を噛んだって泣いてたんです。で，その時に母も祖母も心配していて，で，父が仕事から遅く帰ってきて。そして何か父が，たぶん，あんまり覚えていないんだけど，二人に対して「どうして早く医者に連れていかないんだ」って怒ったことです。その夜，父親に，車に乗せられて病院に入院したんですね。で，原因は，何かの菌が入ったらしいんですけど。でも，そのことは鮮明に覚えていて，なぜ，蝶々なんて足を噛むはずないのに，蝶々が足を噛んだっていう泣いているところと，あとは，入院したことによって，近所の人がみんな——みんなというか，祖母のお友達が心配して，たくさんのおもちゃを持って病院に来てくれて。なんか，おもちゃがいっぱい貰えて嬉しかったな，ということを覚えています。		2つの思い出は，1つ目の思い出を精緻化したもの。トラウマがもっと詳しく語られる。病院がトラウマというストーリーに終わらないで「惜しみない愛情」ストーリーに転換される。
CC88	惜しみなくおばあさまが愛情をみんなにかけたのと同じように，おもちゃが惜しみなく与えられたんですね。		一貫するストーリーとなる。
CL70	はい，すごく，たくさん貰いました。		

		逐語	CLの気持ち	解説（水野）
CC89		これもとてもいいお話ですが，どういうタイトルを書きますかね。これだったら。		
CL71		ああ，なんでしょうね。純粋に考えるのは，「キヌちゃん，愛されている」		
CC90		ここでもキヌちゃん，愛されてますよ。		
CC91		その時のことを今思い出してみると，当時，どのような感情だったと思いますか。		
CL72		お医者さんに行くのは嫌だったし。で，入院している時，看護師が注射に来るのが嫌で。ベッドの下に隠れて，やっぱり病気じゃなかったらいいのに，と思っていました。（CCああ）		
CC92		ありがとう。それでは，もうひとつ，最後のお話を伺ってから休憩して，そして，その後それについてお話しましょう。ほんと，キヌさんは，あのー，お話をされるのがお上手ですね。		CLにねぎらいの言葉をかける。
CL73		ありがとうございます。		
CL74		もうひとつの話は，やっぱり喘息で体が弱かったので，よく病院に行ったことです。小さいころだったので，病院で走り回っていたんですね。その時に，仰向けにコケたんです。コケて後頭部を打った時に，昔のこう尖ったスチームがあったのはおわかりになりますでしょうか。そこで頭を打って切っちゃったんです。	小さなころの覚えている話は全部喘息とか病気に伴うものなんだなと想いながら話をしていた。	
CC93		それが起こった時，どんな気持ちでしたか？		

	逐語	CL の気持ち	解説（水野）
CL75	びっくりしたのと，痛かったことと，そこが小児科だったので，看護師さんも母もお慌てしていて，向いに外科のクリニックがあって，看護師さんが抱いて連れて行ってくれたんですね。それで，一番覚えているのは，また，父親が迎えに来た時に，母が泣いて，父親に「ごめんなさい」って言ったのを覚えています。	母が父に謝っている姿を思いだすと涙が溢れてくる。母に申し訳ない気持ち。	動けなくて不自由なCL。
CC94	でも，今も，やっぱり，そういう痛みがあるんですね，思い出すと。		
CL76	そうですね。		
CC95	今考えると。		
CL77	今考えると，母に申し訳ないことをしたな，と思っていて。母が責任を感じることではないのに，母が謝った姿っていうのは，私に痛みを感じることですね。		痛みがある。
CC96	それに見出しをつけるとしたら，どんな題にしますか？		
CL78	うーん，「お母さんごめんなさい」としか今は言葉が出てこない。		
CC97	それではここで 10 分休憩をとりまして，その後，今伺った素晴らしい物語を繋いでいきましょう。		
（第 2 回目の休憩と再開）			
CC98	このような幼少期の記憶をきく，それを伺う理由というのは，その人がこれまで経てきたさまざまな体験のうち，この 3 つをことに覚えているということの，その意味を探っていくためです。今，お話して頂いたこの 3 つのお話を通して，何度も何度も出てきたカギとなる言葉やフレーズを今から読み上げてみたいと思います。		捉われが現在の課題に転換する。苦しんだことが現在の強みになる。

	逐語	CL の気持ち	解説（水野）
CC99	最初の「キヌちゃん逃走する」ですが，一番最初の言葉が，動詞が「苦しんだ」でした。で，2つ目の話は，そこで痛かった，泣いた，つまらないと思った。それから，悪いと思った，心配，そういった言葉が出てきました。ですからキヌさんは，今まで痛い目にあってきたわけです。で，苦しみを経てきたわけです。で，今もその涙が残っているというわけです。今，私がこういうのをきいて，どんな考えが頭をよぎっているんでしょうか。		「苦しんだ」「心配」「申し訳ない」が両親から愛されているに転換。
CL79	病気ということとか，怪我ということで，痛い思いをしたり苦しんだりしてきた以上に，母とか祖母とかを心配させたり，父親に対して謝らせてしまった。申し訳ないなという，私が申し訳ないと思っている気持ちと，本当に両親と祖母から愛されてるんだっていうことを感じています，今。		
CC100	今，直面している問題，この転機に関する問題の中にも罪悪感みたいなものはあるのかな，と，今，思っているんですが。	この質問に正直驚いた。今，直面している転機の中に罪悪感があるとは思っても見なかったが，問われることで確かに罪悪感を感じている自分がいるのを実感していた。	申し訳ない気持ち＝罪悪感。

	逐語	CL の気持ち	解説（水野）
CL80	はい，最終的なゴールっていうのは，タイに行ってカウンセリングをしたいというゴールを思っています。でも，今日本でやらないといけない仕事があります。それはカウンセラー，キャリア・カウンセラーを，スーパーバイズが大事だとか，育成していくこと。で，最初私が15年前に思ったことは，タイでカウンセリングをすることだと思っていたのが，この世界に入って，日本でスーパービジョンを受けなければならないシステムとか，そういったことを作らないといけないと変わってきた。		現在の課題との関連性は？ 未来への伸展。
CC101	ということは，システムが変革されないといけないというふうに感じている部分もあるということですね。		変革という一貫性のあるストーリー。
CL81	はい，そうです。		
CC102	龍馬のように。		ロールモデル
CL82	はい，そうです。		
CC103	でも，頭を，転んで頭を打った時と同じように，意識が少し混濁してる，ということもあるんでしょうか。		捉われの影響は？
CL83	はい，その信念を持って動こうとしているんですが，まだまだそういう重要性が多くの人たちに伝わっていかないことが，自分にとってとっても痛いことです。		課題の探求。
CC104	変革する×××××で，痛みを感じる理由は。		キャラクターアークに伴う痛み。
CL84	自分が力不足。		新たな洞察。
CC105	力不足……何をするのに力不足なんですか？		
CL85	説明したりだとか，（あー）自分にまだ実力がないということとか。		痛みの明確化。
CL86	カウンセラーとしての。今，スーパーバイザーになるためのトレーニングを受けているところなんですが。		すでに解決に向かって活動している。

	逐語	CLの気持ち	解説（水野）
CC106	今のお話の2つに，どこかに行くことを止められている，縛られている，という概念が出てきます。喘息であったために，外に遊びに行くことを禁じられた。そして，もう一つは足が痛いために入院させられた。そこにいないといけなかった。その共通点があります。それなのに，好きなテレビは動き回るテレビです。テレビ番組ですね。	力不足も痛いのだが，自由に動き回れていないことが痛い原因の一つなのかもしれないとも思った。	現在の課題と捉われとの関係
CC107	あのー，先ほど龍馬の話をして下さってた時に，龍馬は藩を動かした，国を動かしたというお話をされました。でも，キヌさんの場合は，動けない状態にさせられていたんですよね。		動かせないというジレンマ。
CL87	そうです。それと，今，藩を動かした国を動かしたっていうことを聞いて，私も，これは大きな話なんですけど，たぶん，国を動かしたいんだと思うんです。なぜなら，キャリアコンサルタントという国家資格が今できて，そこにスーパービジョンのシステムも入れたい。で，そこに対して働きかけたい，働きかけも今してるんだけれども，そんなに簡単なことじゃないです。	変革をしたいと思っていることは日常的に思っていたのだが，国まででも動かしたいと思っていることを語る自分にビックリしていた。	もしロールモデルが今の課題を解決するとなると？　シナリオを未来の行動に展開する。
CC108	でも，不可能じゃないですよね。		
CL88	と，思いたい。あまりにも大きいので。		
CC109	ちょっと質問させて下さい。もし，えー，今，リボンの騎士のサファイアや鉄人28号，そしておばあさまとお話ができるとしたら，その問題を解決するのに，この人たちはどのようにするだろうというアドバイスをしてくれそうですか？		3人のロールモデルが一体となると解決は？
CL89	逃げるなって言われると思いますね。	自分でこの「逃げる」という言葉が出てたのに驚いた。	新しい内省。

	逐語	CLの気持ち	解説（水野）
CL90	逃げて何もしない。	逃げて，何もせず，放りだしたくなっている自分に罪悪感を感じていることが自分の心の痛さに繋がっていることがクリアに見えてきた。	行動，感情，認知との関連。
CC110	あのー，これは大変過ぎるから諦めようと思う瞬間もあるわけですか？	動き回りたいけど，病気によって動けないで，動きを止められていた幼い頃と，今，動きたいけど，あまりに大きなものと戦おうとしているのと，力不足で動けないでいる痛みが共通していることに驚きを感じていた。	現在のズレが何なのか明確になる。
CL91	あの，問題が大き過ぎて。		
CC111	それはできないですよね，キヌさんには。なぜなら，他の人に惜しみない愛情を感じているからです。おばあさまと同じで。もしも逃げたら，あのー，罪悪感を感じるんじゃないかなと思いますが。	しかも動けないでいることがあまりにしんどくて，その場から逃げ出そうとしていた。逃げようとしている自分に対しても許せない想いも，私を苦しめていたことなのだと思った。これまで語ってきたことに一貫性があり，統合されていくのを感じていた。	惜しみない愛情と罪悪感，その間にあるものは何か？
CC112	間違っているかもしれません，私が今言っていること。どうお考えですか？　今のコメント。		

	逐語	CLの気持ち	解説（水野）
CL92	今，えーと，逃げるのも嫌だし。でも，戦うと辛いし。でも，やらなきゃいけないし，っていうところで。でも，今，あの，祖母とアクセスすると「キヌちゃん，できるからがんばれー」って言うんです。「見てるよー」って。	最初に語ったモヤモヤがクリアになり，辛いけど逃げるのはもっと辛いし，罪悪感につながるのだと実感しながら話していた。	クライエントがエンパワーされている。
		祖母が亡くなったのは私が中一の時。その時から祖母はいつも私の側にいるのは感じていたのですが，直面している問題に対してコメントをくれたのは初めてでした。	
CL93	それは，悪という言葉ではないかもしれないけれども。この業界の，まだシステムができていない，そうスーパービジョンとかを受けるシステムができていないとかいうものと戦っているんだと思う。	何と戦おうとしているのか，どんどんクリアになってきた。	漠然としていたズレが何なのか明確化される。
CC113	それが，悪といえば悪なんですね。もし，そのような，バランスとかチェック機能が無いままやってしまうと，どんな問題が起きますか？		
CL94	もう，それは，クライエントに害を及ぼします。		
CC114	言うとおりですね。それであれば，キヌさんの大きな心と，そして，えー，逃げてしまえば罪悪感を感じてしまう，というその資質を考えたら逃げようがないですね。		
CL95	そうです。逃げようがないですね。	逃げようのない現実，逃げたくない自分がいて，エネルギーが沸いてくるのを感じていた。	一貫するストーリーに触れる。癒しとなる。
CL96	そうだと思います。		

		逐語	CL の気持ち	解説（水野）
CC115		先ほど，好きな格言はという中で，他の人がどう考えようとも自分は自分がやるべきことをわかっている，という言葉がありました。これが，その人が自分を動機づける，やる気を出させる言葉だと考えています。		自分に与える最高のアドバイス。
CC116		それでは，一番最初のあの2人の間の契約に戻りたいと思います。どっちの道に進むかということを考える上で，このセッションはどのように役立ちましたか。		
CL97		はい，どっちの道に行くかではなく，まず日本で私がやるべき仕事をやる，やらなければならない，やる，やるんだと思います。その後で，システムができて次にバトンタッチした時に，私はタイに行こうと思います。	最初のモヤモヤがクリアになり，新たな選択ができたことが嬉しかった。	言葉にして語ることで実現することが可能となる。
CC117		ありがとうございます。えー，キヌさんは，本当に今日，めざましい，ボランティアの役をして下さいました。ボランティアとして，あの，参画して下さいました。しかし，キヌさんはここに座っておられる皆さま方が，何を考えていらっしゃるかは全然わかりません。それから，そこでキヌさんが話されたことは，ここに留めておいて下さい。今から3人の方に，今日のセッションでキヌさんに，こういうことを示してもらったとか，こういう点で，手助けになってもらえました，というようなことを発表して頂きたいと思います。		ここでは3人の観客がそれぞれ所感を述べた。観客と意味を共有する。観客がクライエントのストーリーの証人となる。
CC118		キヌさん，今のお話をこのペンを使って私は書きました。これからキヌさんが，ご自分の物語をこのペンを使って，書き続けて下さい。		これからもストーリーを書き続ける仕事がある。
CL98		ありがとうございます。ありがとうございます。ありがとう。(大きな拍手)		

2. ライブカウンセリングを終えてのクライエントの感想とコメント

〈キヌさんの感想――ライフデザイン・カウンセリングでのクライエント体験
　を終えて〉

　通訳を介してのインタビューでしたが，とてもスムーズに話すことができました。とりわけ5つの質問を受けている時は，楽しく自分のことが語れました。私の語りをスムーズに促してくださったのはケビン・グラービン氏の質問でした。語る中で自分のロールモデルや興味ある仕事の分野が明確になり，どのような場で働きたいか，そして転機を乗り越える時の自分へのメッセージも明らかになっていきました。5つ目の質問も幼い頃の思い出がよみがえり，スムーズに語れたと思いました。2回目の休憩を挟んで Part 3 に入った時に私の心は大きく揺さぶられました。現在の気がかりが何故心に引っかかってきたのかが，幼い時から繰り返されてきた私の捉われ，ライフテーマと一気に結びついたのでした。そしてその気がかりを乗り越えるための行動のヒントを得て，セッションを終えることができました。

　本当に驚きました。ほんの少しの気がかりを話し始めたつもりが，自身の捉われ，ライフテーマと関わっていたこと。そしてそれまでの語りで自身のありたい姿や活動したい領域や乗り越えるための格言・メッセージを語っていることで，気がかりを乗り越える行動に繋げることができたこと。ライフデザイン・カウンセリングの可能性，パワーを感じました。

　これまでの私の疑問が少しずつ解けてきました。5つの質問がどのようにクライエントの役に立つのか。これについては何か言葉にできるものを持っていませんが，体験したこと全てで実感することができました。またナラティヴ・アプローチとどのように関係しているのかということについては，ケビン氏の関わりが私の語りを引き出してくださった，その関わりがナラティヴ・アプローチと言えるのではないかと思いました。『ナラティヴ・アプローチの理論から実践まで』（国重，2008）という書籍のサブタイトルを思い出しました。そのサブタイトルが“希望を掘りあてる考古学”。カウンセラーは考古学者のように，クライエントの人生の意味を，希望を発掘する作業をクライエントと一緒にしていきます。ケビン氏の問いかけが私の語りを引き出し，私の人生に一貫しているものが掘り出されたのです。

〈ケビン・グラービン氏との再会〉

2017年7月25日〜27日に米国オハイオ州のケント州立大学で開催されたキャリア構成インタビュー（CCI）研修に参加しました。CCI研修はサビカス博士とドリームチームによって構成される教授陣によって，CCIの実際を小グループで学べるというもので，ドリームチームの講師陣の一人がケビン・グラービン氏でした。研修の時間外に時間を取ってもらい，デモンストレーションの時に話した私の気がかりについて，その後どのように私が行動したかをグラービン氏に報告する機会を得ました。

その時に，デモンストレーションのセッションの録音を逐語にして本に掲載したいと私がケビン氏にお願いしたところ，快諾してくださいました。その時のケビン氏の言葉がとても印象的でした。「もちろん掲載していいよ。キヌのストーリーだから，キヌのものだよ。僕が反対すると思ったの？」この言葉にケビン・グラービン氏がとても私を尊重してくださっていることに感動しました。

〈キヌさんのキャリア・カウンセリングの実務家としての思い〉

私はキャリア・カウンセラーです。アメリカでは，キャリア・カウンセリングは大学院の修士課程を修了した人が実施できるものですが，日本の実情はアメリカとは異なっています。私は大学院の修士を修了しているわけではありません。私は1999年にカウンセリングを学び始め，環境（職場）からの要請からすぐに実務に就きました。それだけにいつも"クライエントの役に立てているだろうか"と自問する日々であり，学び・実践し・振り返ることを繰り返してきました。もちろんスーパービジョンも受けてきましたし，今もスーパービジョンを受けています。

理論や技法を実践に使っていくことは型として実施するのではなく，理論や技法を開発した人の想いや理念，哲学や人間観，あり様等々も学ぶ必要があると私は考えます。そのうえでクライエントに役に立つように実践することだと思っています。理論や技法の著作を読むことはできますが，開発者の想いを感じることは容易ではありません。サビカス博士の著作は，アメリカの実情に沿って書かれているため，カウンセリング学習では通常習得しておくべき技術や知識は省かれています。それだけに日本の実情ではアメリカのようなカウンセリング学習を習得していない日本のキャリア・カウンセリングの実務家は型のみを知り，実践することが多いのではないかと考えます。だからこそ，サビカス博士の著作の翻訳本だけではなく，実務家がきちんと実践するために役に立つ書籍が必要なのでは

ないかと思います。

　私は前述したように，サビカス博士の理論を知ることになった時にさまざまな疑問を感じました。そこからナラティヴ・アプローチを学び，実践し，スーパービジョンを受けることで，ナラティヴを少しは理解できるようになり，デモンストレーションでボランティアのクライエントを体験することで，CCIの実践を知り，理解できるようになってきました。私のクライエント体験を逐語にして読んでいただくことがキャリア・カウンセリングに携わる人たちのお役に立てることができればと願っています。

　〈水野のコメント〉

　ライフデザイン・カウンセリングがキヌさんのキャリアサービスの専門家としてアイデンティの確立に効果があったと思います。カウンセリングのプロセスは，逐語に詳しく述べてあるので，ここでは詳しい解説は省略します。読者には，カウンセリング・プロセスに注目願います。ストーリーの構成，脱構成，再構成，共構成というふうに，アイデンティティが徐々に明確に構成されてきます。グラービン博士のカウンセリングは関係性の構築と共感の表明に優れています。さらに，明確化とカウンセラーとクライエントの理解を共有することが実に巧みにできています。

第9章

アジアでの
ライフデザイン・カウンセリングの実践
——ニーズ, 見通し, 可能性

ケビン・グラービン
(翻訳：水野修次郎)

1. はじめに

　働くことの世界は変化した。グローバリゼーション, 革新的なテクノロジー, 企業の再編成などによって, 21世紀には働くことが不安定になり, 予測不能になっている (Feller & Whichard, 2005)。アメリカ合衆国の労働省の統計報告によると, 1957~1964年に生まれた18歳から48歳までの人々は, 平均11回の転職を経験していたことになる (Bureau of Statistics, 2015)。

　マリンズ (Mullins, 2009) によると, 人は転職をおおよそ5年に1回経験する。今日の働く人々は, 複数の職を乗り切るという課題に直面しており, キャリアをうまく管理するために, 時宜に適った方法で適応することを学ばなければならない。言うまでもなく, 働く人が生涯1つの雇用にとどまる可能性は低い (Savickas, 2006a)。代わりに, 働く人は, 複数の雇用者のための複数のプロジェクトに取り組むことになると気づくだろう。働く人は, 雇用者たちに自らのスキルを貸し出しているのだと気づくだろう。したがって, 今日の働く人は, 1人の雇用主との安定した予測できるキャリア軌跡を歩むというよりも, 複数の雇用主と一つの連続するプロジェクトに取り組む準備をしなければならない (Savickas, 2011)。

2. 不安定な労働者と新しい労働の世界

　今日, 不安定な状況で働く人たちは, さらなる課題に直面している。彼らは,

複数の職業転換を乗り切り，生涯学習にコミットしなければならないだけでなく，仕事の中身の本質が変化していることに適応しなければならない。技術の進歩により，自動的に仕事が喪失するという脱職業（dejobbing）のプロセスが進行している。デジタル化できるプロセスは自動化され，自動化によって人間ができるさまざまな作業の必要性が否定されている。たとえば，スマートフォンを使って小切手の写真を撮影し，銀行口座に直接に預金することができる。銀行窓口係は，そのような仕事を遂行する必要性は無くなる。支払時のセルフチェックアウト技術によって，スーパーマーケットが同じ仕事を行うためにレジ係を雇う必要が減少している。翻訳者や字幕作成者が競争しているのは，どんな人間よりもはるかに速くキャプションや翻訳ができる進歩したソフトウェアである。自動車会社はホンダのように，以前は熟練した作業者によって行われてきた作業がロボットによって遂行されて，製造プロセスが自動化された。このように自動化・脱ジョブ化が進むことで，仕事の社会的構造が変わってきた。正社員とみなされる労働者は徐々に減少している。むしろ，労働者は，パートタイム，カジュアル，フリーランス，コンサルタント，コンティンジェント・ワーカー，自営業者と呼ばれるようになっている（Savickas, 2007）。

　企業組織は，この新しいやり方によって多くの利点を享受している。米国では，今までの正社員が期待する医療保険，時間外労働，病気休暇，退職金，その他の給付金の支払いは，もはや必要ではない。今日の働く人は，仕事にとって余分なものとなり，結局，仕事が喪失することになる。

3．職場を維持する役割としての企業組織

　仕事の種類が少なくなるという現象は，明らかな影響として考えられる金銭的な懸念をはるかに超えて，広範囲に及ぶ影響をもたらしている。仕事の世界が変わり続ける中で，21世紀の働く人々は，自らの生活をデザインし，自らのキャリアを管理するという展望に直面している。このようなことは，特に生涯雇用を望む一部の人々，帰属，および目的意識のために組織に依拠していた人々にとって，困難で厄介な課題となるだろう。サビカス（2007）は，組織がかつて「保持する」環境として，労働者の日々の構造，安定した収入，社会的なつながり，意味と達成感を提供していたと指摘している。会社は，かつては仕事をする人たちに環境を提供するだけでなく，仕事をする人たちが頼りにできる人生の大きな物語を提供してきた。

▌4．組織の物語が個人の物語になる

　このメタナラティヴは，労働者に「アイデンティティを構成し，自己概念を語る」機会を与えた（Savickas, 2007）。環境と素晴らしい物語を提供する組織によって，労働者は高度に組織化され，構造化され，一貫性のある環境に集まり，一貫性と安心感を享受した(Savickas, 2007)。20世紀における一貫した予測可能な仕事という性質は，労働者に一定の確実性と快適感をもたらした。ジョン・ホランド（Holland, 1997）やドナルド・スーパー（Super, 1990）のようなキャリア理論家たちは，20世紀を特徴づける仕事の世界における一貫した予測可能という本質を基盤にしてキャリアガイダンスとキャリア開発のモデルを築いた。ホランドの職業選択と人格のタイプの理論は，フランク・パーソンズ（Parsons, 1909）の著作に基づいたものである。彼は，簡潔で理論的なモデルを提示し，個人に以下のことを奨励した。

1）自分自身を知ること，すなわち，自分のキャリアに関連するニーズ，価値観，および興味関心を知ること。
2）仕事の世界を知ること，すなわち，仕事のラインにおいて成功するために必要とされる報酬，業務，および義務を知ること。
3）自分自身を最も適切な作業環境に適合させるために，正しい推論を採用すること。

　組織内の合致した地位にうまくマッチングすれば，個人は組織に依存して，組織を保持し，導き，方向付けることができる。しかし，20世紀組織の官僚的かつ階層的な性質によって，働く人に安心と安全を提供できても，変化する市場や経済状況に適応することが困難になってしまった（Savickas, 2007）。組織は，より小規模で効率的になることによって適応してきた。ホランド理論が開発された時代の安定した予測可能という仕事の性質は，今では，不安定さと予測不可能に置き換わっている。ホランドと同様に，スーパー（Super, 1990）は，一貫性と安定性のある時期に，ライフ・スペース・ライフ・スパン・モデルを開発した。しかし，スーパーは20世紀後半に偉大な先見性を示した。スーパーは，新しいポストモダンな時代の仕事の世界では，モデルを更新する必要があると考えた。スーパーのオリジナルモデルは，働く人が生涯にわたって取り組む「キャリアステージ」と「大きなライフサイクル」で構成されている。大きなサイクルを構成するステージには，探索，確立，保守，および離脱である。個々人は1つの段階に関連する発達課題をマスターすれば，次の段階へ首尾よく進むことができる。こ

の大きなライフサイクルは，完了までに 30 年以上かかると推定された。20 世紀の終わりには，スーパーはこのライフサイクルの理論は，もはや働く人の経験を正確に映し出していないことに気づいた。大きなサイクルの中の数々の段階を 30年間うまくやり遂げるというよりは，個人が仕事の転機に遭遇する頻度がはるかに多いことを，スーパーは認識していた。その結果，スーパーは大きなサイクルという表現を小さなサイクルという呼び方に変更した。探索，確立，保守，離脱の各段階は変わらないが，1 つの段階から次の段階へと移行する時間は大幅に短縮された。結局，スーパーは彼のモデルを新しいものに更新して，働く人が 1 つの場所から別の場所へと移動する際にこれらの大きな段階を体験している最中に再び同じサイクルを経験すると示唆した。したがって，働く人のキャリア全体を表すのに使われた大きなサイクルは，現在では複数のミニサイクルと複数の職業転換というモデルに置き換えられている。

▌5．環境を保持するストーリー

　繰り返し起こる職業的転換や仕事上のトラウマに伴う不確実性を乗り越えようとする個人にとって，多くの場合，ストーリーの断絶やストーリーからの脱落を経験する。ある意味では，脱ストーリー化し，一部のストーリーは「破壊」されることさえある（Savickas, 2015）。たとえば，運動選手がキャリアを終えさせるケガに遭遇すると，ストーリーからの脱落になる。脚の骨を折るオリンピックの体操選手，あるいはアキレス腱を断絶するフットボールのスターがストーリーから脱落する。かつて知っていた人生と，それに続くはずだったストーリーは，瞬く間に消え失せてしまう。運動選手として自己概念を実現できない多くの人々は，アイデンティティの喪失を経験する。痛みを和らげるために，空白を埋めるために，薬物やアルコールに頼ることも珍しくない。元米国人女性サッカー選手，アビー・ワンバック Wambach, A. 氏は，2016 年 4 月に薬物の影響の下での運転をしていて逮捕されるまでは，アルコールや処方薬を乱用していたと話していた。ワンバック氏は，チームからの退団の勧告で苦しみ，夜は生活が制御不能になり始めていた。事件は，このような出来事の最中であったと述べていた。ワンバック氏は，共同通信（Associated Press, 2016）のインタビューで，「30 年間，得点することが収入につながり，そのスキルによって安全と受容と愛に交換することができた」と述べている。アビー・ワンバック氏は，転機に遭遇して援助を求めた。現在は，社会活動と社会正義の擁護実現のために尽くしている。
　仕事の転機を経験している最中に，痛みと損失の感情を経験することがある。

個人が物語から脱落すると，過去の仕事がなくなり，新しい物語がまだ始まっていない状況に陥る。すると，新しく進む方向と新しい物語を探し求めて，喪失の中でウロウロ歩き回ることになる（Savickas, 2006b）。働く人は，組織に依存している自己のストーリーを語るのではなく，今や自身の職業物語を著作する人になるか人生のデザイナーになることを余儀なくされている（Savickas, 2007）。ストーリーは，人がどこにいるのか，そしてどこに向かっているのかを理解するのに役立つ（Savickas, 2007）。一貫性のあるストーリーは，個人を支え，職業の転機や仕事上のトラウマがあっても，人に安心感を与える。働く人は，自らのキャリア・ストーリーを構成する責任を負うため，現在では自己のライフストーリーの構成に従事しなければならない（Savickas, 2011）。ストーリーが表すものは，思考，価値観，興味，感情，意味，経験，心的外傷，勝利を含む豊かな語りである。ストーリーは，個人が「自分を知る」のを手助け，一貫性があり継続的なライフコース／キャリア・ストーリーや進むべき方法を導く。困難な時には，物語を先に進め，快適に感じるようになるように呼びかけることができる。ストーリーを用いて，個人は自分の経験を表現し，その経験を吟味し，感情を感じ，意思決定を導くことができる。ストーリーは，また，安定性をもたらし，キャリア移行や心のトラウマを乗り越えて移動する際，個人の感情的な反応を調整するのに役立つ（Savickas, 2007）。ライフデザイン・カウンセリングは，個人が物語を創造し続けるための対話に取り組むというやり方で個人を支援する。ライフデザイン・カウンセリングを実践するキャリア・カウンセラーによって，クライエントは「職業を選択することに意味を吹き込み，仕事を通じて自己を実証するための対話に参画する」（Maree, 2011, p.1 で引用）。

6．アジアにおけるライフデザイン・カウンセリングの実施

　私は，2016 年 9 月，ライフデザイン・カウンセリングに関するワークショップや講演会を開催するために東京を訪問する栄誉と特権を得た。この研修は，日本キャリア開発研究センター（JICD）と日本産業カウンセリング学会（JAIC）が主催した。招待していただいた皆様のご親切，ご支援，おもてなしにたいして「アリガトウ」を言い，感謝申し上げます。ワークショップを実施し，その際，キャリア構成インタビュー（CCI：Savickas, 2005）の実演をした。体験学習に対する個人的な見解なのですが，生のデモンストレーションは，そのプロセスの理解と介入がどのようなパワーがあるかについての意識を育てる意味では極めて重要であると思われる。本書の精神と心は，デモンストレーションのボランティアを務

めた人々が語る美しいストーリーによって鍛錬されて作り出されている。彼らの勇気と貢献は，ライフデザインの理論と実践を生き生きとさせるものであり，CCIの実施方法を他者に教える手助けをしてくれたことに感謝する。

　それに加えて，私の通訳である山之内悦子氏は，ボランティアのクライエントと共に，あらゆる要素を一つにまとめ上げたと信じている。確かに，私の傍らには，高度なスキルと経験を積んだ翻訳者，そして心理学の背景を持った人物がいたことは役に立った。

　研修の準備として，悦子さんと私は6～7時間かけてスカイプ・チャットを行い，お互いを知り合い，CCIについて話し合った。私が東京に到着するころには，悦子さんは，CCIのプロセスとその深い内容をよく理解していた。実演では，通訳の悦子さんが彼女自身の愛，共感，理解をもって，私がクライエントに応答する言葉を伝えてくれた。このことは最も大切なことであった。というのは，カウンセリングプロセスにおいて，最も大きな影響を与えるのはカウンセラーとクライエントの関係（Corey, 2016）であり，日本では，私，クライエント，通訳者との関係が最も重要な要因であることが，明らかであると理解したからである。

▎7．アジアにおけるライフデザイン・カウンセリングの10の提案

　アジアにおけるライフデザイン・カウンセリングとキャリア構成カウンセリングの実践に向けたヒントを以下に示す。

　これらの提案の多くは，場所に関係なく適用可能であることに留意すべきである。

　1．専門知識の領域でプロセスと実践を手助けするスーパーバイザーを探すこと。
　2．基本的なカウンセリングのマイクロスキルを習得し，実践する。最も重要な要素は，クライエントが共有できる温かい，安全で，一方的な価値判断をされない空間を作り出す能力である。ロジャーズ（Rogers, 1951）のパーソン・センタード理論をすべてのクライエントとの交流関係の基礎として用いた実践を薦める。これは，以下のような実践を意味する。真正さと純粋性，すなわち自分自身に嘘がないことある。無条件の肯定的受容，すなわちクライエントを価値判断しない，共感，すなわちクライエントの視点から世界を見ようとする。
　3．忍耐強く実践する。クライエントのためにさらに忍耐強く実践する。クライエントの中には，自分たちの話を述べる機会を持ったことがない人もいるかもしれない。クライエントによっては「オフロード」つまり公道から外れる必要性を感じているかもしれないので，カウンセラーは時間をかけて聞くことが重要である。
　4．間違いは誰にでもある。それでもいいことを知る。私は，失敗から何よりも多く

を学んでいる。人は誤りを犯すこともあるという事実を受け入れることは，クライエントも誤ってもいいと理解する助けになる。

5．非常に強い好奇心をもつ。あなたが聞くストーリーは，現実の物語であり，今ここで展開している。私は，自分自身のことを社会学者が調査の旅の中でクライエントの脇を歩いていると想定する。スペンサー・ナイルズ（Spencer Niles）教授は，私に「不思議に思うことを活用する」と言ったことがある。たとえば，「この職業に興味がある理由はなんですか」とクライエントに問うのではなくて，「あなたがこの職業に興味がある理由はなんだろうかな？」と自分の気持ちとして伝えることができる。「なぜ」と問うと価値判断をしているという響きがあるが，「私は，何だろうかと思う」は本当の意味での関心を意味する。

6．クライエントにとって，カウンセラーは「どのように役立つ」かが問われている。クライエントは，単に自分の話す声を自分の耳で聞くだけで利益を得る。クライエントはまた，自分の言葉がカウンセラーによって繰り返されるのを聞くことで恩恵を受けるだろう。そのため，解決策に焦点を当てるのではなく，どうすれば役に立つかに焦点を当てるのである。

7．うなずきは，必ずしも Yes を意味するとは限らない。この非言語的行動は正確ではないので，チェックして確認が必要である。チェックすることは，「権限に異議を唱えない，他人に礼儀正しい」という日本の文化的な価値に反する。したがって，クライエントが社会的に望ましい仕方で答えるので，それに対応できるように準備をしなければならない。すべての私の質問に答える必要がないことをクライエントに伝えることは，大切なことである。このストーリーはクライエントのものであり，クライエントにとって決して違ったものになってはいけない，クライエントは自分のストーリーに責任を負っている。時として避けられないパワーの差を考えると，たとえばクライエントに「私が間違っているときは私に言っても良い」と言うことを提案する。さもなければ，疑問／疑念を暫定的に表現してみる。たとえば，「もし私が間違っていたら，私を訂正してください」のように。

8．CCI を，あなたが活動する文化の価値観，信念，伝統などの範囲内で使用するように調整すること。たとえば，日本で使われる質問のいくつかを修正する必要があるかもしれない。CCI に関する最初の質問は，クライエントに 3 人のロールモデルをリストアップするよう求め，「子ども時代に好きなヒーロー／ヒロイン」という言葉を使う。日本では，「誰に敬意を抱いてきたか」という問いかけのほうが正確であることがわかった。他の例としては，幼少期の記憶や「物語」を子ども時代から求める代わりに，クライエントに「出来事」や「その時の出来事」を説明するように求める。

9．ストーリーを解釈するのではなく，クライエントのストーリーを分析する。クライエントのストーリーを解釈すると，個人的なバイアスを含み，クライエントの視点からそのストーリーを尊重していないことになり，あなたの個人の視点から解釈することになる。

10．クライエントは常に面接室で最も重要な人物であることを忘れないこと。クライエントが存在しなければ，ストーリーが産まれない。ストーリーに愛情，注目，理解をもって接すること。

8．アジアにおけるライフデザインの展望と可能性

　アジアにおけるライフデザインの展望と可能性は大きい。21世紀の働く人が直面する課題に取り組むことに，政府を中心に関心が高まっているように思われる。日本やシンガポールなど経済を支える資源に依存できない国々は，自らが保有する天然資源，すなわち人的資源に焦点を当てている。働く人に投資し，支援し，自らを再建・再訓練することは，新たな仕事の世界がもたらす課題に取り組むための第一歩である。

　新しい仕事の世界がもたらした変化は非常に速く包括的であり，我々は新しいパラダイムに入った（Savickas, 2012）。パーソンズ（Parsons, 1909）は，農場から都市へと個人が移動するのを目の当たりにして，産業革命の間に同様のパラダイムシフトを経験した。パーソンズのマッチング・モデルは，個人が新しい仕事の世界へと導く援助になる試みであった。

　パーソンズは，最初のステップで最も重要なステップは「自分を知る」ことであると示唆した。今日我々が直面しているパラダイムシフトを考えると，「あなたの物語を知る」と言うほうがより適切かもしれない。しかし，ほとんどの人が自分のストーリーを話す機会を与えられていない。自分のストーリーを知らない人もいる。さらに悪いことに，人々は不正確なストーリーを生きているかもしれない。そのストーリーは，現在のその国や地域での支配的なディスコースで著作されている。第1段階は，自分自身のストーリーの存在とそのパワーについての意識を高め，教育することである。目標はグローバルに設定して，誰もが物語を持ち，その物語を聞き，尊敬されることを目指す。大衆のニーズに対処するためのライフ・設計やストーリーテリングの拡大には課題があるが，我々は，学習機器や人工知能などの技術を利用して，この情報についての意識を高め，世界規模で広げることができる。

　ライフデザインと転機マネージメント学習センター（Life Designing and Transition Management; LITRAM）は，この章の執筆者（Kevin Glavin）が創設した。このセンターは，1）誰もが物語を持っているという意識を醸成する，2）個人が物語を語り，理解し，声を出して語る手助けをする，という課題に取り組んでいる。LITRAMは，このような目的を達成するために，一般の人や専門家向けのオンラインによるコースを設立してライフデザインと転機のマネージメントを教育するコースを開設する，地域のニーズを把握し，それに応じた教育コースを提供する。ニーズがある人とは，社会経済環境が低い人たち，高校退学者，大

学入学者，商人，退職者を意味する。ライフデザインや転機のマネージメントを対象にする専門家を訓練して，その専門家を認証するための学習をオンラインまたは直接に一対一で学べる機会を提供する。

9．ライフデザイン実践における倫理的配慮

ライフデザインは，カウンセラーたちにクライエントが転機や仕事上のトラウマを乗り越える支援をする強力な介入手段を提供する。カウンセラーは，倫理的に，専門知識の適用範囲内で実践することが重要である。倫理的には，カウンセラーの第一の義務は「危害を与えない」ことである。クライエントの幸福実現が最も重要である。さらに，カウンセラーは各自の能力範囲内で実践しなければならない。たとえば，クライエントとうつ病および／または自殺の問題について話し合う場合，カウンセラーは自身の能力を適切にアセスメントして，必要に応じてクライエントをリファーしなければならない。全てのカウンセラーは，マイクロスキルと危機介入，たとえば，自殺のアセスメント，介入，および対処に関するカウンセリング訓練を受けるべきである。クライエントが権利を知り理解するようにインフォームド・コンセントを実施するべきである。これには，介入が何で，なぜその介入が使用されているのかを知る権利，およびそのような介入の潜在的な影響を知る権利が含まれる。

カウンセラーは，倫理的にも法的にも問題がないのかを確認するために，現地の法律および法律を参照すべきである。

10．最終的に付け加えること

本章の締めくくりとして，ライフデザインの原則と実践について貴重な知恵を教えてくださった人々やアジアにお招きいただいた皆様に改めて感謝申し上げる。人々の物語はあまりにも大切なので，それらを聞き取れずに放っておくことができない。我々の仕事は重要である。私たちカウンセラーは，初めて自分のストーリーを語る人であっても，自分の話を自由に発言し，自分が望む人になることができる安全な空間を提供する。大きな話をすれば，私たちの話すストーリーは，私たちを結びつける役に立つかもしれない。最後に考えさせていただきたいのは，カウンセラーであるあなたがストーリーを持っているということである。日本でのキャリア構成インタビューのデモンストレーションを締めくくるにあたり，ボランティアのクライエントに向かってペンを提供したことを覚えています。

「このペンを使って今までのお話を書いてください」といった。次の章を書くためにそれを使ってほしい。クライエントが涙を流して笑みを浮かべると，部屋は沈黙に包まれた。通訳の悦子さんが私の言葉を訳してくれるのを待っていたのだが，彼女が沈黙して静かになっていた。彼女の顔を見ると涙で一杯になって言うことができないことがわかった。カウンセラー，クライエント，そして通訳の3人はその瞬間につながり，クライエントの物語を共同で構成したのであった。ペンはクライエントの話を象徴し，その瞬間を祝う。転機やトラウマを体験して，クライエントが保持し，記憶できるものは，ストーリーである。ストーリーが人を支えるように，カウンセラーは自分の物語を保持する。

文　　献

第1章

European Commission (2006) Recommendation of the European Parliament and the Council of 18 December 2006 on key competences for lifelong leaning. Official Journal of the European Union, 394 of 30.12.2006.

経済産業省（2006）社会人基礎力. https://www.meti.go.jp/policy/kisoryoku/index.html

経済産業省（2018）新産業構造ビジョン中間整理. http://www.meti.go.jp/press/2016/04/20160427007/20160427007.pdf

国立教育政策研究所（2013）教育課程の編成に関する基礎的研究報告書5―社会の変化に対応する資質や能力を育成する教育課程編成の基本原理

今野浩一郎（2008）人事管理入門〈第2版〉. 日本経済新聞社.

厚生労働省（2018）新規学卒就職者の離職状況（平成27年3月卒業者の状況）. 厚生労働省報道発表資料.

国重浩一（2013）ナラティブ・セラピーの会話術―ディスコースとエイジェンシーという視点. 金子書房.

クラウス・シュワブ（2016）第四次産業革命―ダボス会議が予測する未来. 日本経済新聞社.

文部省（1996）中央教育審議会「21世紀を展望した我が国の教育の在り方について」（答申）.

文部科学省（2008）中央教育審議会「学士課程教育の構築に向けて」（答申）.

文部科学省（2011）中央教育審議会「今後の学校におけるキャリア教育・職業教育の在り方について（答申）」第1章 キャリア教育とは何か.

内閣府（2003）人間力戦略研究会報告書. 人間力戦略研究会.

日本経済団体連合会（1999）「エンプロイヤビリティの確立をめざして―従業員自律・企業支援型の人材育成を―」報告書.

日本経済団体連合会（2016）2011年～2016年度　新卒採用に関するアンケート調査結果の概要. http://www.keidanren.or.jp/policy/2016/108_gaiyo.pdf

OECD (2003) The Definition and Selection of Key Competencies: Executive Summary.

OECD (2009) International Adult Literacy and Basic Skills Surveys in the OECD Region. OECD working paper, 26.

OECD and Statistics Canada (2000) Literacy in the Information Age: Final report of the International Adult Literacy Survey.

P21 (2009) P21 Framework Definitions. (www.p21.org/)

リンダ・グラットン, アンドリュー・スコット（2016）LIFE SHIFT ― 100年時代の人生戦略. 東洋経済新報社.

労務行政研究所（2018）先進企業の新人事制度事例集. 労務行政.

Saratoga Institute (2000) Human capital benchmarking report. Santa Clara, CA: Saratoga Institute.

Savickas, M. L. (2005) The theory and practice of career construction. In: Lent, R. W. & Brown, S. D. (Eds.): Career Development and Counseling: Putting Theory and Research to Work.

Hoboken, NJ: John Wiley & Sons, pp.42-70.

Savickas, M. L. (2011) Career Counseling. Washington, DC: American Psychological Association. (日本キャリアカウンセリングセンター監訳（2015）サビカス　キャリア・カウンセリング理論―自己構成によるライフデザインアプローチ．福村出版．）

Savickas, M. L. (2012) Life design: A paradigm for career intervention in the 21st century. Journal of Counseling and Development, 90(1); 13-19.

Savickas, M. L. (2015) Life-Design Counseling Manual.（日本キャリア開発研究センター監修, 水野修次郎監訳（2016）サビカス　ライフデザイン・カウンセリング・マニュアル．遠見書房．）

総務省（2019）労働力調査　平成 11 年度〜 30 年度．厚生労働省 HP を参照　https://www.mhlw.go.jp/content/000508253.pdf

竹信三恵子（2017）正社員消滅．朝日新聞出版．

田中義隆（2015）21 世紀型スキルと諸外国の教育実践―求められる新しい能力．明石書店．

WHO (1994) Life Skills Education in Schools. Division of Mental Health World Health Oraganization.

第 2 章

Becvar, D. S. & Becvar, R. J.（2013）Family Therapy: A Systemic Integration (8th ed.). Peason.

Hansen, S. S. (1997) Integrative life planning. San Francisco: Jossey-Bass.（平木典子・今野能志・平和俊・横山哲夫監訳（2013）キャリア開発と統合的ライフ・プランニング．福村出版．）

平木典子（2010）統合的介入法．東京大学出版会．

平木典子（2015）ライフキャリア・カウンセリングへの道――働くことと家族の統合を志向する実践から．児童心理学の進歩　2015 年版．金子書房．

Lambert, M. J. (1992) Psychotherapy outcome research: Implication for integrative and eclectic therapies. In: Garfield, J. C. & Goldfried, M. R. (Eds.): Handbook of psychotherapy Integration. Basic Books.

Norcross, J. C. (2005) Primer on psychotherapy integration. In: Norcross, J. C. & Garfield, M. R. (Eds.): Handbook of Psychotherapy Integration (2nd ed.). Oxford University Press. https://dx.doi.org/10.1093/med:psych/9780195165791.001.0001

Parsons, F.（1909）Choosing a Vocation. Boston: Houghton Mifflin.

Savickas, M. L.（2011）Career counseling. Washington, DC: American Psychological Association.（日本キャリアカウンセリングセンター監訳　2015　サビカス　キャリア・カウンセリング理論―自己構成によるライフデザインアプローチ．福村出版．）

渡辺三枝子・ハー，E. L.（2001）キャリアカウンセリング入門―人と仕事の橋渡し．ナカニシヤ出版．

Williamson, E. G.（1939）How to Counsel Students: A Manual of Techniques for Clinical Counselors. New York: McGraw-Hill.

第 3 章

Bakhtin, M. M.（1986）Speech Genres and Other Late Essays. University of Texas Press.

Bruner, J.（1986）Actual Minds, Possible Worlds. Cambridge: Harvard University Press.（田中一彦訳（1990）可能世界の心理．みすず書房．）

Derrida, J.（1978）Writing and Difference. Chicago: University of Chicago Press.（若桑毅訳（1977）エクリチュールと差異（上下巻）．法政大学出版局．）

Foucault, M.（1972）The Archaeology of Knowledge. London; Tavistock.（中村雄二郎訳（1995）知の考古学．河出書房新社．）

Griemas, A. & Courtes, J.（1976）The cognitive dimension of narrative discourse. New Literary History, 7; 433-447.

柄谷行人（1993）言葉と悲劇．講談社．

国重浩一（2013）ナラティヴ・セラピーの会話術―ディスコースとエイジェンシーという視点．金子書房．

国重浩一（2017）ナラティヴ・アプローチと吃音をめぐるその実践．日本精神衛生会「心と社会」168号　110頁－116頁

Madigan, S.（2011）Narrative Therapy. Washington DC; American Psychological Association.（児島達美・国重浩一・バーナード紫・坂本真佐哉訳（2015）ナラティヴ・セラピストになる：人生の物語を語る権利をもつのは誰か？　北大路書房．）

Monk, G., Winslade, J., Crocket, K., & Epston, D. (eds.)（1997）Narrative Therapy in Practice: The Archaeology of Hope. San Francisco: Jossey-Bass.（国重浩一・バーバード紫訳（2008）ナラティヴ・アプローチの理論から実践まで―希望を掘りあてる考古学．北大路書房．）

Saunders, C.（1965）Telling patients. District Nursing, September; 149-154.（小森康永訳（2017）シシリー・ソンダース初期論文集 1958-1966：トータルペイン―緩和ケアの源流をもとめて．北大路書房．）

Seikkula, J.（2011）Becoming Dialogical: Psychotherapy or a Way of Life? The Australian and New Zealand Journal of Family Therapy, Volume 32, Number3, pp.179-193

内田樹（2002）寝ながら学べる構造主義．文藝春秋．

White, M.（2004）Narrative Practice and Exotic Lives: Resurrecting Diversity in Everyday Life. Adelade: Dulwich Centre.（小森康永監訳（2007）ナラティヴ・プラクティスとエキゾチックな人生：日常生活における多様性の掘り起こし．金剛出版．）

White, M.（2007）Maps of Narrative Practice. New York: W. W. Norton.（小森康永訳（2009）ナラティヴ実践地図．金剛出版．）

White, M.（2011）Narrative Practice: Continuing the Conversations. New York: W. W. Norton.（小森康永・奥野光訳（2012）ナラティヴ・プラクティス―会話を続けよう．金剛出版．）

White, M. & Epston, D.（1990）Narrative Means to Therapeutic Ends. New York: Norton.（小森康永訳（2017）物語としての家族［新訳版］．金剛出版．）

Winslade, J. & Williams, M.（2011）Safe and Peaceful Schools: Addressing Conflict and Eliminating Violence. Corwin Press.（綾城初穂訳（2016）いじめ・暴力に向き合う学校づくり：対立を修復し，学びに変えるナラティヴ・アプローチ．新曜社．）

Wittgenstein, L.（1966）Tractatus Logico-Philosophicus. Cosimo Classics.（野矢茂樹訳（2003）論理哲学論考．岩波書店．）

第5章

Bridges, W.（2004）Transitions: Making sense of life's changes. 2nd Edition. Cambridge, MA: Da Capo Press.（倉光修・小林哲郎訳（2014）トランジション―人生の転機を活かすために．パンローリング）

独立行政法人労務政策研究・研修機構（2002）VPI職業興味検査［第3版］手引．日本科学社．

Hill, C.（2004）Helping skills: Facilitating and exploration, insight, and action, 2nd Edition.（藤生英行監訳（2014）ヘルピング・スキル―探求・洞察・行動のためのこころの援助法．金子書房）

水野修次郎（2009）カウンセリング練習帳．おうふう．

水野修次郎・井上孝代（2017）ワークブック「対話」のためのコミュニケーション．協同出版．

Savickas, M. L.（2015）Life-design counseling manual.（水野修次郎監訳（2015）サビカスライフデザインカウンセリング・マニュアル．遠見書房．）

Savickas, M. L.（2011）Career counseling. Washington DC: American Psychological Association.
（日本キャリア開発研究センター監訳・乙須敏紀訳（2015）サビカス　キャリア・カウンセリング理論．福村出版．）

White, M.（2007）Maps of narrative practice. W. W. Norton.（小森康永・奥野光訳（2009）ナラティブ実践地図．金剛出版．）

第6章

Cardoso, P., Silva, J. R., Gonçalves, M. M., & Duarte, M. E.（2014）The narrative innovation in life design counseling: The case of Ryan. Journal of Vocation Behavior, 84; 11-20.

Cardoso, P.（2015）Integrating life-design counseling and psychotherapy: Possibilities and practices. The Career Development Quarterly, 64; 49-62.

Duncan B. L., Miller S. D., Sparks J., Claud, D., Reynolds, L., Brown, J., & Johnson, L.（2003）The Session Rating Scale: Preliminary psychometric properties of a "working" alliance measure. Journal of Brief Therapy, 3(1); 3?12.

Gibson, K. L., & Cartwright, C.（2014）Young clients' narratives of the purpose and outcome of counselling. British Journal of Guidance and Counselling, 42(5); 1-14.

Hartung P. J., & Vess, L.（2016）Critical moments in career construction counseling. Journal of Vocational Behavior, 97; 31-39.

Heppner, M. J., & Heppner, P. P.（2003）Identifying process variables in career counseling: A research agenda. Journal of Vocational Behavior, 62; 429-452.

Kagan, N., & Kagan, H. (1990) IPR: A validated model for the 1990s and beyond. The Counseling Psychologist, 18; 436–440.

Lent, R. W., & Brown, S. D.（2013）Understanding and facilitation career development in the 21st Century. In: Lent, R. W., & Brown, S. D. (Eds.): Career Development and counseling: Putting theory and research to work. Hoboken, NJ: John Wiley & Sons, pp.1-26.

水野修次郎（2017）ワークブック「対話」のためのコミュニケーション―ピアメディエーションによるもめごと防止．協同出版．

水野修次郎（2009）カウンセリング練習帳．おうふう．

Prochasca, J. O., & DiClemente, C.（1992）The transtheoretical approach. In: Norcorss, J. C., & Goldfried, M. R. (Eds.): Handbook of psychotherapy integration. NY: BasicBooks, pp.300-334.

Rehfuss, M. C.（2009）The future career autobiography: A narrative measure of career intervention effectiveness. Career Development Quarterly, 58; 58-91.

Savickas, M. L.（2011）Career counseling. Washington DC: American Psychological Association.（日本キャリア開発研究センター監訳・乙須敏紀訳（2015）サビカス　キャリア・カウンセリング理論．福村出版．）

Savickas, M. L.（2011）Constructing careers: Actor, agent, and author. Journal of Employment Counseling, 48; 179-181.

Savickas, M. L.（2013）Career construction theory and practice. In: Lent, R. W., & Brown, S. D. (Eds.): Career Development and counseling: Putting theory and research to work. Hoboken, NJ: John Wiley & Sons, pp.147-183.

Savickas, M. L.（2015）Life-design counseling manual.（水野修次郎監訳（2015）サビカスライフデザインカウンセリング・マニュアル．遠見書房．）

Savickas, M. L.（2015）Career counseling paradigms: Guiding, development and designing. In: Hartung, P., Savickas, M. & Walsh, W. (Eds.): The APA handbook of career interventions. Washington, D. C.: APA Books, pp.129-143.

Stumpf, S. A., Colarelli, S. M., & Hartman, K.（1983）Development of the career exploration survey

(CES). Journal of Vocational Behavior, 22: 191-226.

第9章

Associated Press. (2016) Abby Wambach: I abused prescription drugs for years. Retrieved from http://www.thedenverchannel.com/news/national/abby-wambach-i-abused-alcohol-prescription-drugs-for-years

Bureau of Labor Statistics (2015) United States Department of Labor. Retrieved from https://www.bls.gov/opub/mlr/2015/home.htm

Corey, G. F. (2016) Theory and practice of counseling and psychotherapy, 10th ed. Pacific Grove, CA: Brooks/Cole.

Egan, G. (1994) The Skilled Helper: A Problem-management Approachto Helping. Pacific Grove, Calif: Brooks/Cole.

Feller, R. & Whichard, J. (2005) Knowledge Nomads and the Nervously Employed: Workplace Change and Courageous Career Choices. Austin, TX: CAPS Press.

Glavin, K. (2004) Generalizing constructs versus adapting psychological tests for global use. Paper presented at the International Association for Educational and Vocational Guidance Conference, San Francisco, CA.

Holland, J. L. (1997) Making Vocational Choices 3rd ed. Odessa, FL: Psychological Assessment Resources.

Maree, K. (Ed.) (2011) Shaping the Story: A Guide to Facilitating Narrative Career Counselling. Sense Publishers.

Mullins, J. (2009) Career planning the second time around. Occupation Outlook Quarterly, 53(2); 12-15.

Rogers, C. R. (1951) Client-centered Therapy: Its Current Practice, Implications, and Theory. Boston: Houghton Mifflin.

Savickas, M. L. (2005) The theory and practice of career construction. In: Lent, R. W. & Brown, S. D. (Eds.): Career Development and Counseling: Putting Theory and Research to Work. Hoboken, NJ: John Wiley & Sons, pp.42-70.

Savickas, M. L. (2006a) A Vocational Psychology for Global Economy. Keynote Presentation at the Psychological Association. New Orleans, LA.

Savickas, M. L. (2006b) New Directions in Career Intervention: Invigorating Career Theory and Practice. Symposium conducted at the annual meeting of the American Psychological Association. San Francisco, CA.

Savickas, M. L. (2007) Constructing careers in a global economy: Story as a holding environment. In: Dorn, F. (Chair): New directions in career intervention: Invigorating career theory and practice. Symposium conducted at the annual meeting of the American Psychological Association. San Francisco, CA.

Savickas, M. L. (2011) Career Counseling. Washington, DC: American Psychological Association. (日本キャリアカウンセリングセンター監訳（2015）サビカス　キャリア・カウンセリング理論―自己構成によるライフデザインアプローチ．福村出版.）

Savickas, M. L. (2012) Life design: A paradigm for career intervention in the 21st century. Journal of Counseling and Development, 90; 13-19.

Savickas, M. L. (2015) Life-Design Counseling Manual.（日本キャリア開発研究センター監修，水野修次郎監訳（2016）サビカス　ライフデザイン・カウンセリング・マニュアル．遠見書房.）

Super, D. E. (1990) A life-span, life-space approach to career development in Brown. In: Brooks, D.

文　　献

& Associates, L. (Eds.): Career Choice and Development, 2nd ed. San Francisco: Jossey-Bass, pp.197-261.

Parsons, F. (1909) Choosing a Vocation. Boston: Houghton Mifflin.

Watson, M., Duarte, M., & Glavin, K. (2005) Cross-cultural perspectives on career assessment. Career Development Quarterly, 54(1); 29-35.

Yalom, I. D. (1995) The Theory and Practice of Group Psychotherapy.

索　引

監修：日本キャリア開発研究センター

編著者略歴

水野修次郎（みずの・しゅうじろう）：
麗澤大学教授，立正大学特任教授を経て，ライフデザインカウンセリング研究所長。Ed. D.
1 級キャリアコンサルティング技能士，臨床心理士，（一社）ピアメディエーション学会会長，
日本キャリア開発研究センター（JICD）顧問。
キャリアコンサルティング，心理カウンセリング，スクールカウンセリングの実践家。

平木典子（ひらき・のりこ）：
IPI 統合的心理療法研究所顧問，日本キャリア開発研究センター（JICD）代表・理事，日本アサー
ション協会会長，（一社）日本産業カウンセリング学会スーパーバイザー資格認定委員会委員長。
臨床心理士，家族心理士，日本産業カウンセリング学会スーパーバイザー，キャリア開発カウン
セラー。

小澤康司（おざわ・やすじ）：
立正大学教授，日本キャリア開発研究センター（JICD）理事，NPO 法人日本キャリア・カウン
セリング研究会会長，（一社）日本産業カウンセリング学会元会長，現 SV 養成部会長。
（一社）ピアメディエーション学会理事，キャリア開発カウンセラー（JICD 認定），キャリアコ
ンサルタント，臨床心理士，公認心理師，中級産業カウンセラー。

国重浩一（くにしげ・こういち）：
ニュージーランド，ワイカト大学カウンセリング大学院修了。鹿児島県スクールカウンセラー，東
日本大震災時の宮城県緊急派遣カウンセラーなどを経て，2013 年からニュージーランドに在住。
ナラティヴ実践協働研究センター所属，ダイバーシティ・カウンセリング・ニュージーランド所
属，NPACC NZ Limited ディレクター。臨床心理士，ニュージーランド・カウンセラー協会員。

著者略歴

Kevin Glavin（ケビン・グラービン）：コロラド州立大学ボルダー校の准教授を経て，現在ノバ南東大学フ
ロリダ校のカウンセリング学部の准教授。Create Your Why（http://www.createyourwhy.com）の創立者。
日本産業カウンセリング学会から国際貢献賞（2016 年）。サビカス博士から直接キャリア構成インタビュ
ー（CCI）の指導を受けてケント州立大学で博士号，LPCDA（職業カウンセラー免許）保持者。NCDA（全
米キャリア開発協会）の学会では，数々の CCI デモンストレーションを実施する。

浅野衣子（あさの・きぬこ）：同志社女子大学卒業後，阪急百貨店で販売・仕入れ・人材育成に従事。
2001 年にキャリア開発支援者として独立。現在，株式会社キャリア開発サポーターズ代表取締役。キャ
リア開発カウンセラー（日本キャリア開発研究センター認定），スーパーバイザー（日本産業カウンセリ
ング学会認定），ナラティヴ実践協働研究センター スターティングメンバー。

長谷川能扶子（はせがわ・のぶこ）：有限会社 C マインド代表取締役，1 級キャリアコンサルティング技
能士，産業カウンセラースーパーバイザー。
上智大学理工学部物理学科卒業後，IT 業界へ。マネジメント業務を行う中で，「どうしたら人はもっとイ
キイキと自分らしく働けるのか？」の答えを求め，産業カウンセリングと出会う。
50 代で本格的に心理学を学ぶ必要性を感じ，米国 Walden 大学 Master of Science in Psychology にチャレ
ンジ，心理学修士を取得見込み。

ライフデザイン・カウンセリングの入門から実践へ
——社会構成主義時代のキャリア・カウンセリング

2020 年 6 月 10 日　初刷

監　　修　日本キャリア開発研究センター
編　　者　水野修次郎／平木典子／小澤康司／国重浩一
発 行 人　山内俊介
発 行 所　遠見書房

遠見書房

〒 181-0002 東京都三鷹市牟礼 6-24-12
三鷹ナショナルコート 004
TEL 0422-26-6711　FAX 050-3488-3894
tomi@tomishobo.com　https://tomishobo.com

印刷・製本　大平印刷社

ISBN978-4-86616-107-5　C3011

※心と社会の学術出版　遠見書房の本※

遠見書房

サビカス
ライフデザイン・カウンセリング・マニュアル
キャリア・カウンセリング理論と実践
　　　M・L・サビカス著／JICD 監修
キャリア構成理論を基礎に生まれた「ライフデザイン・カウンセリング」の手引き。自伝的な物語りを手掛かりに人生を再構成していく。2,000 円，A5 並

ディスコースとしての心理療法
可能性を開く治療的会話
　　　　　　　　　　　児島達美著
世界経済や社会傾向の変動のなかで，心理療法のあり方は問われ続けている。本書は，そんな心理療法の本質的な意味を著者独特の軽妙な深淵さのなかで改めて問う力作である。3,000 円，四六並

臨床家のための実践的治療構造論
　　　　　　　　　　　栗原和彦著
本書は，治療構造論を時代に合わせて大転換を行い，長年の臨床実践と多くの事例等をもとに詳解したものです。密室だけで終わることのなくなった公認心理師時代の新しい心理支援の方向性を見出す必読の 1 冊。3,200 円，A5 並

産業・組織カウンセリング実践の手引き
基礎から応用への全 7 章
　　三浦由美子・磯崎富士雄・斎藤壮士著
3 人のベテラン産業心理臨床家がコンパクトにまとめた必読の 1 冊。いかに産業臨床の現場で，クライエントを助け，企業や組織のニーズを汲み，治療チームに貢献するかを説く。2,200 円，A5 並

短期療法実戦のためのヒント 47
心理療法のプラグマティズム
　　（東北大学）若島孔文著
短期療法（ブリーフセラピー）の中核にあるのは「プラグマティズム」。この本は，この観点から行ってきた臨床を振り返り，著者独特の実用的な臨床ヒントをまとめた書。2,200 円，四六並

私のキャリア・ストーリー
[書き込み式ワークブック 10 冊セット]
ライフ・キャリアを成功に導く自伝ワークブック
　　M・L・サビカスほか著／JICD 監修
小社刊行のサビカス「ライフデザイン・カウンセリング・マニュアル」用の記入式ワークブック。面接や研修に最適。2,800 円，A4 判 16 頁の冊子 10 冊入

自閉女（ジヘジョ）の冒険
モンスター支援者たちとの遭遇と別れ
　　（自閉症当事者）森口奈緒美著
自閉症の当事者文学として衝撃を与えた『変光星』『平行線』の森口さんの自伝の最新作です。今回の『自閉女の冒険』は 30 歳前後から現在までの 20 年にわたる物語。1,800 円，四六並

自衛隊心理教官と考える **心は鍛えられるのか**
レジリエンス・リカバリー・マインドフルネス
　　　　　　　　　　　藤原俊通ほか著
この本は，自衛隊という組織で，長年心理教官として活動してきた著者らが「心の強さ」をテーマにまとめたもの。しなやかに，したたかに生きるためのヒントが詰まった一冊。2,200 円，四六並

公認心理師の基礎と実践　全 23 巻
　　　　　　野島一彦・繁桝算男 監修
公認心理師養成カリキュラム 23 単位のコンセプトを醸成したテキスト・シリーズ。本邦心理学界の最高の研究者・実践家が執筆。①公認心理師の職責～㉓関係行政論 まで心理職に必須の知識が身に着く。各 2,000 円～ 2,800 円，A5 並

N: ナラティヴとケア

ナラティヴをキーワードに人と人とのかかわりと臨床と研究を考える雑誌。第 11 号:心の科学とナラティヴ・プラクティス（野村晴夫編）　年 1 刊行，1,800 円

価格は税抜きです